Das Kochbuch
Ein Tag für KNORR Fix

Weltbild

Inhalt

Ein Tag für KNORR Fix ...   4–5

In einer Familie ist immer viel los: »Mama, kannst Du mal«, heißt es mindestens hundertmal am Tag. Und jeden Mittag wieder ertönt die wichtigste aller Fragen: »Was gibt's heute zu essen?«

Leckere Nudeln   6–27

Pasta macht glücklich und steht bei Jung und Alt für puren Genuss. Entdecken Sie eine abwechslungsreiche Welt köstlicher Nudelvariationen.

Gutes mit Hack   28–49

Hinreißend herzhaft: Wählen Sie unter vielen leckeren Ideen und machen Sie das Essen einfach zur schönsten Stunde des Tages.

Saftige Schnitzel   50–69

Alle lieben Schnitzel. Ob klassisch nach Wiener Art, mediterran oder exotisch – sie sind die erklärten Stars einer kreativen Genießerküche.

Echte Klassiker   70–91

Hier sind die Lieblingsgerichte der Nation versammelt. Große Auswahl für eine unkomplizierte Küche mit viel Tradition und Pfiff.

Rezeptregister	
… alphabetisch	182–185
… nach Produkten	186–190
Über dieses Buch/Impressum	191

Knuspriges aus dem Ofen 92–113

Tolle Ideen für mehr Abwechslung bei Aufläufen und Gratins. Der wunderbare Duft und die knusprige Kruste locken alle schnell an den Tisch.

Frisches Gemüse 114–137

Freuen Sie sich auf die verlockende Vielfalt der Gemüsewelt. Kreative Rezepte verleihen Ihrer Küche einen neuen Kick.

Zartes Geflügel 138–159

Wunderbar wandelbar, verführerisch leicht und fein gewürzt – so kommen Hähnchen und Pute immer wieder perfekt zur Geltung.

Feines mit Fisch 160–181

Raffinierte Rezepte für Köstlichkeiten aus Fluss und Meer. Herrlich gesund und schnell serviert. So einfach bringen Sie Fisch zu Tisch.

Für alle Fälle

Sie mögen Abwechslung? Mit jedem Beutel KNORR Fix können Sie im Handumdrehen viele verschiedene Gerichte zubereiten – und das mit viel Spaß und garantiert ohne lange Einkaufslisten.

Ein Tag für KNORR Fix ...

Ein Tag für KNORR Fix ...

In einer Familie ist immer viel los: »Mama, kannst du mal«, heißt es mindestens hundertmal am Tag. Und jeden Mittag wieder ertönt die wichtigste aller Fragen: »Was gibt's heute zu essen?«

Gut, wenn man dann ohne viel Aufwand etwas Feines auf den Tisch bringen kann. KNORR Fix liefert Ihnen jede Menge pfiffige Ideen, aus denen Sie mit ein paar frischen Zutaten eine leckere Mahlzeit zaubern können, die allen schmeckt. Ganz fix und einfach, selbst gekocht und frisch serviert. Wenn dann alle strahlend vor dampfenden Tellern sitzen, ist die Welt in Ordnung. Und bald geht es wieder los: »Mama …«
Ein ganz normaler Tag.
Ein schöner Tag.
Ein Tag für KNORR Fix.

Keine Sorge, zum Probieren findet sich immer jemand. Weil's schmeckt!

Klar haben wir Hunger, sieht doch auch superlecker aus. Und nun komm endlich und lass uns essen. Sonst wird es am Ende noch kalt!

Fixibilität im Netz

Die ganze Knorr-Welt für Sie: Küchen-Know-how mit Tipps & Tricks, Saisonkalender für Gemüse, noch mehr Rezepte sowie alle Neuigkeiten und Aktionen:
www.knorr.de

Ein Tag für KNORR Fix …

Ein Tag für ... Leckere Nudeln

Pasta macht glücklich und steht bei Jung und Alt für puren Genuss. Entdecken Sie eine abwechslungsreiche Welt köstlicher Nudelvariationen.

Spaghetti alla puttanesca

Für 2–3 Portionen

250 g Spaghetti
Salz
6–8 eingelegte Sardellenfilets
2 EL Olivenöl
2 EL Kapern
2 EL schwarze Oliven
1 Beutel KNORR Fix für Spaghetti Bolognese
2 Tomaten

Zubereitungszeit

ca. 20 Minuten

Pro Portion (1 von 3)

1889 kJ/452 kcal,
15 g E, 12 g F, 70 g KH

Tipp

Knoblauchfans dünsten 1 gehackte Zehe zusammen mit den Sardellen.

1. Spaghetti nach Packungsanleitung in reichlich kochendem Salzwasser bissfest garen.
2. Sardellenfilets fein hacken und im heißen Olivenöl dünsten, bis sie zerfallen. Kapern und Oliven zufügen und kurz mitdünsten.
3. 1/4 l (250 ml) kaltes Wasser zugießen, Beutelinhalt Fix für Spaghetti Bolognese einrühren und aufkochen. Die Tomaten waschen und würfeln. Tomatenwürfel zur Sauce geben und alles zugedeckt bei schwacher Hitze ca. 3 Minuten kochen.
4. Spaghetti in einem Sieb abgießen und abtropfen lassen. Mit der Sauce mischen und sofort servieren.

Ein Tag für... Leckere Nudeln

Pasta Parma mit Frühlingszwiebeln

Für 2–3 Portionen

250 g Bavette-Nudeln oder schmale Bandnudeln
Salz
1 Bund Frühlingszwiebeln
50 g Parmaschinken
1 EL Olivenöl
300 ml Milch
1 Beutel KNORR Fix für Spaghetti alla Carbonara

Zubereitungszeit

ca. 20 Minuten

Pro Portion (1 von 3)

2041 kJ/488 kcal,
18 g E, 15 g F, 69 g KH

1. Nudeln nach Packungsanleitung in reichlich kochendem Salzwasser bissfest garen.
2. Frühlingszwiebeln putzen, waschen und in ca. 3 cm lange Stücke schneiden. Parmaschinken in breite Streifen schneiden, im heißen Olivenöl knusprig braten und herausnehmen.
3. Frühlingszwiebeln im verbliebenen Bratfett dünsten. Milch zufügen, Beutelinhalt Fix für Spaghetti alla Carbonara einrühren und aufkochen lassen.
4. Nudeln in einem Sieb abgießen, abtropfen lassen und mit den Schinkenstreifen in die Sauce geben. Gut mischen und heiß werden lassen. Pasta portionsweise auf Teller verteilen und sofort servieren.

Tipp

Frische Salbeiblätter in feine Streifen schneiden und in die Sauce geben.

Ein Tag für... Leckere Nudeln

Tortelloni auf Steinpilzsauce

1. Die Steinpilze in 300 ml lauwarmem Wasser 20–30 Minuten einweichen. Speck würfeln. Die Zwiebel schälen und ebenfalls in Würfel schneiden.

2. Speck- und Zwiebelwürfel im heißen Öl braten, bis die Zwiebeln glasig sind. Die eingeweichten Pilze mit der Flüssigkeit dazugießen. Beutelinhalt Fix für Spaghetti Napoli einrühren, unter Rühren aufkochen und 3 Minuten kochen.

3. Tortelloni nach Packungsanleitung in reichlich kochendem Salzwasser garen, in einem Sieb abgießen und abtropfen lassen.

4. Basilikumblätter abzupfen, waschen, trockentupfen und in feine Streifen schneiden. Steinpilzsauce portionsweise auf Teller verteilen. Tortelloni mit Basilikumstreifen darauf anrichten. Käse hobeln und zur Pasta servieren.

Für 3 Portionen

10 g getrocknete Steinpilze
30 g Schinkenspeck
1 Zwiebel
1–2 EL Olivenöl
1 Beutel KNORR Fix für Spaghetti Napoli
250 g Tortelloni (Kühlregal)
Salz
2–3 Stiele Basilikum
50 g Parmesan oder Pecorino

Zubereitungszeit

ca. 40 Minuten

Pro Portion

1791 kJ/427 kcal,
33 g E, 15 g F, 39 g KH

Ein Tag für… Leckere Nudeln

Grüne Bolognese mit Basilikum

Für 2–3 Portionen

200 g Spaghetti
Salz
150 g gemischtes Hackfleisch
1 EL Keimöl
225 g tiefgekühlter Blattspinat
2 Frühlingszwiebeln
1/2 Bund Basilikum
400 ml Milch
1 Beutel KNORR Fix für Spaghetti alla Carbonara
Pfeffer

Zubereitungszeit

ca. 20 Minuten

Pro Portion (1 von 3)

2239 kJ/549 kcal,
26 g E, 22 g F, 61 g KH

1. Spaghetti nach Packungsanleitung in reichlich kochendem Salzwasser bissfest garen.
2. Hackfleisch in einem Topf im heißen Öl anbraten. Tiefgekühlten Blattspinat und 2 EL Wasser zugeben und zugedeckt bei mittlerer Hitze in ca. 10 Minuten auftauen lassen und garen.
3. Frühlingszwiebeln putzen, waschen und in feine Ringe schneiden. Basilikum waschen und fein schneiden. Milch zu Hackfleisch und Spinat geben. Beutelinhalt Fix für Spaghetti alla Carbonara einrühren und unter Rühren aufkochen lassen.
4. Frühlingszwiebeln und Basilikum untermischen und heiß werden lassen. Bolognese mit Pfeffer abschmecken. Sauce mit Spaghetti servieren.

Tipp

Die Pasta mit frisch geriebenem Parmesan bestreuen.

Ein Tag für ... Leckere Nudeln

Makkaroni mit zweierlei Bohnen

Für 2–3 Portionen

200 g Makkaroni oder Tortiglioni
Salz
50 g durchwachsener Speck
1 EL Keimöl
200 g tiefgekühlte grüne Bohnen
100 ml Schlagsahne oder RAMA Cremefine zum Kochen
1 Beutel KNORR Fix für Ofen-Makkaroni alla mamma
1 Dose weiße Bohnen (Abtropfgewicht 250 g)

Zubereitungszeit

ca. 25 Minuten

Pro Portion (1 von 3)

2112 kJ/504 kcal,
21 g E, 18 g F, 65 g KH

Tipp

Die Sauce zusätzlich mit etwas Thymian verfeinern.

1. Nudeln nach Packungsanleitung in reichlich kochendem Salzwasser bissfest garen.

2. Speck fein würfeln und im heißen Keimöl dünsten. Tiefgekühlte grüne Bohnen zugeben und mitdünsten.

3. 400 ml kaltes Wasser und Sahne zugießen, Beutelinhalt Fix für Ofen-Makkaroni alla mamma einrühren und aufkochen. Bei mittlerer Hitze ca. 2 Minuten kochen.

4. Weiße Bohnen abtropfen lassen, zur Sauce geben und darin heiß werden lassen. Nudeln in einem Sieb abgießen, abtropfen lassen, nach Belieben mit der Sauce mischen und sofort servieren.

Ein Tag für… Leckere Nudeln

Pasta mit Scampi und Artischocken

Für 2–3 Portionen

200 g Hartweizennudeln, z.B. Castellane
Salz
200 g Scampischwänze (küchenfertig, ohne Kopf und Schale)
1 EL Olivenöl
80 g eingelegte, getrocknete Tomaten
220 g Artischockenböden (Dose)
1 Beutel KNORR Fix für Spaghetti Bolognese

Zubereitungszeit

ca. 25 Minuten

Pro Portion (1 von 3)

2000 kJ/479 kcal,
28 g E, 11 g F, 65 g KH

1. Nudeln nach Packungsanleitung in reichlich kochendem Salzwasser bissfest garen, in einem Sieb abgießen und abtropfen lassen.
2. Scampi im heißen Olivenöl anbraten. Tomaten würfeln. Artischockenböden abgießen und ebenfalls würfeln. Tomaten und Artischocken zu den Scampi geben und mitbraten.
3. 350 ml kaltes Wasser zugießen, Beutelinhalt Fix für Spaghetti Bolognese einrühren und aufkochen. Alles bei schwacher Hitze ca. 1 Minute kochen.
4. Zum Schluss die Nudeln zugeben, in der Sauce heiß werden lassen und sofort servieren.

Tipp

Die Pastasauce mit etwas Weißwein verfeinern.

Ein Tag für... Leckere Nudeln

Rustikale Spätzle-Pfanne

Für 3 Portionen

200 g Spätzle
Salz
2 Zwiebeln
2 Frühlingszwiebeln
250 g Champignons
1–2 EL Keimöl
1–2 EL gewürfelter durchwachsener Speck
1 Beutel KNORR Fix für Putengeschnetzeltes
30 g geriebener Bergkäse

Zubereitungszeit

ca. 20 Minuten

Pro Portion

1910 kJ / 458 kcal,
17 g E, 18 g F, 58 g KH

Tipp

Dazu passt Tomatensalat.

1. Spätzle nach Packungsanleitung in reichlich kochendem Salzwasser bissfest garen, in einem Sieb abgießen und abtropfen lassen.

2. Zwiebeln schälen und in Ringe schneiden. Frühlingszwiebeln putzen, waschen und ebenfalls in Ringe schneiden. Champignons putzen und in Scheiben schneiden.

3. Zwiebeln im heißen Öl goldgelb rösten und herausnehmen. Champignons und Speck im verbliebenen Bratfett andünsten. 350 ml kaltes Wasser zugießen, Beutelinhalt Fix für Putengeschnetzeltes einrühren und unter Rühren aufkochen. Frühlingszwiebelringe zugeben und bei schwacher Hitze ca. 3 Minuten garen.

4. Spätzle untermischen, noch einmal heiß werden lassen und mit geriebenem Bergkäse und Röstzwiebeln bestreut servieren.

Ein Tag für ... Leckere Nudeln

Spirelli-Pfanne mit Käsekrainer

1. Wurst in Scheiben schneiden und im heißen Keimöl anbraten. 650 ml kaltes Wasser zufügen, Beutelinhalt Fix für Ofen-Makkaroni alla mamma einrühren und aufkochen.

2. Ungegarte Spirelli-Nudeln zufügen und zugedeckt bei schwacher Hitze 15 Minuten garen.

3. Gemüsemais in einem Sieb abgießen und abtropfen lassen. Mais zu den Nudeln geben und alles weitere 5 Minuten garen. Dabei ab und zu umrühren.

4. Frühlingszwiebeln putzen, waschen und in Ringe schneiden. Zum Schluss zur Spirelli-Pfanne geben und darin heiß werden lassen.

Für 2–3 Portionen

250 g Käsekrainer oder Krakauer
1 EL Keimöl
1 Beutel KNORR Fix für Ofen-Makkaroni alla mamma
150 g Spirelli-Nudeln
120 g Gemüsemais (Dose)
1 Bund Frühlingszwiebeln

Zubereitungszeit

ca. 25 Minuten

Pro Portion (1 von 3)

2063 kJ/493 kcal,
27 g E, 20 g F, 50 g KH

Ein Tag für... Leckere Nudeln

Besonders günstig!

Bandnudeln mit Tomaten-Speck-Sahne

1. Bandnudeln nach Packungsanleitung in reichlich kochendem Salzwasser bissfest garen und abgießen.

2. Zwiebel schälen und fein würfeln. Schinkenspeck ebenfalls fein würfeln und in einer Pfanne ohne Zugabe von Fett ausbraten. Zwiebelwürfel zufügen und mitbraten.

3. 400 ml kaltes Wasser zugießen, Beutelinhalt Fix für Makkaroni al forno einrühren und aufkochen. Sahne unterrühren und bei schwacher Hitze ca. 2 Minuten garen.

4. Die Tomaten waschen, entkernen und ebenfalls fein würfeln. Zur Sauce geben und darin heiß werden lassen. Nudeln in einem Sieb abgießen, abtropfen lassen und mit der Sauce servieren.

Für 2–3 Portionen

200 g grüne Bandnudeln
Salz, 1 große Zwiebel
150 g Schinkenspeck
1 Beutel KNORR Fix für Makkaroni al forno
150 ml Schlagsahne oder RAMA Cremefine zum Kochen
500 g Tomaten

Zubereitungszeit

ca. 20 Minuten

Pro Portion (1 von 3)

1991 kJ/475 kcal,
23 g E, 9 g F, 63 g KH

Puszta-Pasta mit Kabanossi

Für 3 Portionen

250 g Spirelli-Nudeln
Salz
150 g Kabanossi
1 Zwiebel
1 rote Paprikaschote
1 EL Keimöl
1 Beutel KNORR Fix für Lasagne al forno
2 EL Crème fraîche
2 EL Schnittlauchröllchen

Zubereitungszeit

ca. 20 Minuten

Pro Portion

2684 kJ/641 kcal,
21 g E, 29 g F, 72 g KH

1. Nudeln nach Packungsanleitung in reichlich kochendem Salzwasser bissfest garen, in einem Sieb abgießen und abtropfen lassen.

2. Kabanossi zunächst in Scheiben und diese dann in Viertel schneiden. Zwiebel schälen, halbieren und in Streifen schneiden. Paprikaschote halbieren, entkernen, waschen und ebenfalls in Streifen schneiden.

3. Paprika, Zwiebel und Kabanossi im heißen Öl anbraten. 400 ml kaltes Wasser zugießen, Beutelinhalt Fix für Lasagne al forno einrühren und unter Rühren aufkochen. Bei schwacher Hitze ca. 5 Minuten garen.

4. Crème fraîche unterrühren. Mit Schnittlauchröllchen bestreuen und zu den Nudeln servieren.

Ein Tag für… Leckere Nudeln

Pasta mit Linsen und Putenstreifen

Für 3 Portionen

100 g rote Linsen
Salz
200 g Nudeln,
z.B. breite Bandnudeln
150 g Zuckerschoten
200 g Putenbrustfilet
1 EL Keimöl
1 Beutel KNORR Fix für Putengeschnetzeltes
1–2 EL Zitronensaft

Zubereitungszeit

ca. 25 Minuten

Pro Portion

2412 kJ/576 kcal,
34 g E, 14 g F, 76 g KH

1. Linsen in kochendem Salzwasser bei schwacher Hitze in 5–8 Minuten bissfest kochen. In einem Sieb abgießen und abtropfen lassen.

2. Nudeln nach Packungsanleitung in reichlich kochendem Salzwasser bissfest garen. Zuckerschoten waschen und schräg in Streifen schneiden. Putenbrust ebenfalls in Streifen schneiden.

3. Öl in einer Pfanne erhitzen und das Fleisch darin 3 Minuten rundherum braun anbraten. Herausnehmen und beiseite stellen.

4. 300 ml kaltes Wasser in die Pfanne geben, Beutelinhalt Fix für Putengeschnetzeltes einrühren und aufkochen. Die Zuckerschoten zufügen und bei schwacher Hitze 2–3 Minuten kochen, dabei ab und zu umrühren.

5. Zum Schluss Fleisch und die Linsen in die Sauce geben und heiß werden lassen. Mit Zitronensaft abschmecken.

6. Die Nudeln in einem Sieb abgießen, abtropfen lassen und zum Linsensugo servieren.

Ein Tag für... Leckere Nudeln

Sahnenudeln mit Hähnchenfilet

Für 2–3 Portionen

250 g Spirelli
Salz, 2 EL Pinienkerne
2–3 Frühlingszwiebeln
150 g Hähnchenbrustfilet
1 EL Keimöl
Pfeffer
200 ml Schlagsahne
oder RAMA Cremefine
zum Kochen
1 Beutel KNORR Fix für
Lachs-Sahne-Gratin

Zubereitungszeit

ca. 30 Minuten

Pro Portion (1 von 3)

2916 kJ/696 kcal,
27 g E, 35 g F, 67 g KH

1. Nudeln nach Packungsanleitung in reichlich kochendem Salzwasser bissfest garen, in einem Sieb abgießen und abtropfen lassen.

2. Pinienkerne in einer Pfanne ohne Zugabe von Fett goldgelb rösten, anschließend herausnehmen. Frühlingszwiebeln putzen, waschen und in ca. 3 cm lange Stücke schneiden. Hähnchenbrustfilet in dünne Streifen schneiden.

3. In der Pfanne Hähnchenstreifen im heißen Öl bei starker Hitze rundherum ca. 3 Minuten anbraten und leicht pfeffern.

4. Sahne und 1/8 l (125 ml) Wasser dazugießen. Beutelinhalt Fix für Lachs-Sahne-Gratin einrühren und unter Rühren aufkochen. Frühlingszwiebeln dazugeben. Bei mittlerer Hitze ca. 5 Minuten köcheln.

5. Nudeln mit der Sauce auf Tellern anrichten und mit gerösteten Pinienkernen bestreuen.

Ein Tag für… Leckere Nudeln

Penne all'arrabbiata mit Knoblauch und Chili

1. Penne nach Packungsanleitung in reichlich kochendem Salzwasser bissfest garen, in einem Sieb abgießen und abtropfen lassen.

2. Knoblauchzehe schälen. Chili waschen, halbieren, entkernen und in feine Streifen schneiden. Speck in Streifen schneiden und in einer Pfanne im heißen Öl knusprig anbraten. Chili zugeben, Knoblauchzehe dazupressen und kurz mitbraten.

3. 350 ml kaltes Wasser zugießen, Beutelinhalt Fix für Spaghetti Napoli einrühren und unter Rühren aufkochen.

4. Basilikum waschen, trockentupfen. Blätter von den Stielen zupfen und klein schneiden. Penne mit Sauce und Basilikum mischen. Mit Käse bestreut servieren.

Für 2–3 Portionen

250 g Penne
Salz, 1 Knoblauchzehe
1–2 Chilischoten
60 g durchwachsener Speck
1 EL Olivenöl
1 Beutel KNORR Fix für Spaghetti Napoli
1/2 Bund Basilikum
50 g geriebener Pecorino oder Parmesan

Zubereitungszeit

ca. 25 Minuten

Pro Portion (1 von 3)

1950 kJ/466 kcal,
18 g E, 13 g F, 68 g KH

Ein Tag für... Leckere Nudeln

Herzhafte Spaghetti-Pfanne

Für 2–3 Portionen

100 g Spaghetti
Salz
250 g Hähnchenbrustfilet
50 g durchwachsener Speck
1–2 EL Keimöl
100 ml Schlagsahne
oder RAMA Cremefine
zum Kochen
1 Beutel KNORR Fix für
Bauern-Topf mit Hackfleisch
300 g tiefgekühlte Erbsen-
Möhren-Mischung
Pfeffer

Zubereitungszeit

ca. 40 Minuten

Pro Portion (1 von 3)

1969 kJ/471 kcal,
33 g E, 21 g F, 37 g KH

1. Spaghetti zweimal in Stücke brechen und nach Packungsanleitung in reichlich kochendem Salzwasser bissfest garen. In einem Sieb abgießen und abtropfen lassen.

2. Hähnchenbrustfilet in Streifen schneiden, Speck würfeln. Hähnchenstreifen und Speck im heißen Öl anbraten und herausnehmen.

3. 1/4 l (250 ml) kaltes Wasser und Schlagsahne in die Pfanne gießen, Beutelinhalt Fix für Bauern-Topf mit Hackfleisch einrühren und aufkochen lassen. Gefrorene Erbsen-Möhren-Mischung zugeben und bei schwacher Hitze ca. 10 Minuten garen.

4. Spaghetti, Hähnchenstreifen und Speck zufügen und heiß werden lassen. Nach Belieben mit Salz und Pfeffer abschmecken.

Tipp

Auch Würstchen schmecken lecker in der Spaghetti-Pfanne.

Ein Tag für... Leckere Nudeln

Makkaroni mit Hackfleischsauce

Für 2–3 Portionen

300 g Makkaroni
Salz
80 g Frühstücksspeck
350 g Rinderhack
2 EL Olivenöl
1 rote Zwiebel
1 Beutel KNORR Fix für Spaghetti Bolognese
2–3 EL Aceto balsamico (Balsamico-Essig)
Pfeffer

Zubereitungszeit

ca. 20 Minuten

Pro Portion (1 von 3)

2610 kJ/626 kcal,
42 g E, 15 g F, 78 g KH

Tipp

Servieren Sie die Nudeln mit geriebenem Pecorino.

1. Makkaroni in reichlich kochendem Salzwasser nach Packungsanleitung bissfest garen.

2. Frühstücksspeck in Streifen schneiden. Rinderhack in einer Pfanne im heißen Olivenöl anbraten. Speckstreifen zufügen. Zwiebel schälen, in Würfel schneiden, dazugeben und mitbraten.

3. 400 ml kaltes Wasser zufügen und Beutelinhalt Fix für Spaghetti Bolognese einrühren. Aufkochen und bei schwacher Hitze ca. 2 Minuten kochen. Die Sauce mit Balsamico-Essig sowie Salz und Pfeffer pikant abschmecken.

4. Makkaroni in einem Sieb abgießen, abtropfen lassen und mit der Sauce servieren.

Ein Tag für … Leckere Nudeln

Bandnudeln mit Paprika-Hackbällchen

1. Bandnudeln nach Packungsanleitung in reichlich kochendem Salzwasser bissfest garen, in einem Sieb abgießen und abtropfen lassen.

2. Bacon fein würfeln. Schalotte schälen und hacken. Zusammen mit Pfeffer und Paprikapulver zum Beefsteakhack geben und alles gut mischen. Mit feuchten Händen kleine Hackbällchen formen und diese rundherum in einer Pfanne im heißen Öl braten.

3. Paprikaschote halbieren, entkernen, waschen und in kleine Stücke schneiden. Mais in einem Sieb abgießen und abtropfen lassen. Gemüse zum Fleisch geben.

4. 300 ml kaltes Wasser zugießen, Beutelinhalt Fix für Spaghetti Bolognese einrühren und aufkochen. Bei schwacher Hitze ca. 8 Minuten garen.

5. Bandnudeln mit Hackbällchen und Sauce auf Tellern anrichten.

Für 2–3 Portionen

250 g Bandnudeln
Salz
1 Scheibe Bacon (ca. 15 g)
1 kleine Schalotte
Pfeffer
2 TL Paprikapulver, edelsüß
150 g Beefsteakhack (Tatar)
1 EL Keimöl
1 gelbe Paprikaschote
140 g Mais (Dose)
1 Beutel KNORR Fix für Spaghetti Bolognese

Zubereitungszeit

ca. 30 Minuten

Pro Portion (1 von 3)

1950 kJ/465 kcal,
26 g E, 7 g F, 74 g KH

Ein Tag für... Leckere Nudeln

Tortellini auf der Erbse

Für 2–3 Portionen

200 g Tortellini oder
250 g frische Tortellini
(Kühlregal)
Salz
100 g gekochter Schinken
1 EL Keimöl
3/8 l (375 ml) Milch
1 Beutel KNORR Fix für
Spaghetti alla Carbonara
100 g tiefgekühlte Erbsen
etwas Petersilie

Zubereitungszeit

ca. 15 Minuten

Pro Portion (1 von 3)

2339 kJ/556 kcal,
27 g E, 20 g F, 69 KH

Tipp

Ein schönes Essen
für Kinder!

1. Getrocknete Tortellini in reichlich kochendem Salzwasser nach Packungsanleitung bissfest garen. Auf einem Sieb abgießen und abtropfen lassen.

2. Den Schinken in dünne Streifen schneiden und in einer Pfanne im heißen Öl anbraten.

3. Milch dazugeben, Beutelinhalt Fix für Spaghetti alla Carbonara einrühren und aufkochen lassen.

4. Gekochte oder frische Tortellini und tiefgekühlte Erbsen zur Sauce geben und zugedeckt bei schwacher Hitze 2–3 Minuten kochen.

5. Petersilie waschen, trockenschütteln und fein hacken. In die Sauce geben und sofort servieren.

Ein Tag für… Leckere Nudeln

Penne mit Rinderfilet und Knoblauchsugo

Für 2 Portionen

150 g Rinderfilet
200 g Möhren
3–4 Knoblauchzehen
1 kleine Zwiebel
150 g Penne
Salz, 1 EL Keimöl
1 Beutel KNORR Fix für Tomaten Bolognese
Petersilie zum Garnieren

Zubereitungszeit

ca. 30 Minuten

Pro Portion

2108 kJ/503 kcal,
29 g E, 11 g F, 70 g KH

1. Rinderfilet in Streifen schneiden. Möhren schälen und in kleine Würfelchen schneiden. Knoblauch und Zwiebel schälen. Knoblauch fein hacken und Zwiebel fein würfeln.

2. Nudeln nach Packungsanleitung in reichlich kochendem Salzwasser bissfest garen, in einem Sieb abgießen und abtropfen lassen.

3. Die Fleischstreifen im heißen Öl 3–4 Minuten braten. Herausnehmen, auf Küchenpapier abtropfen lassen und warm stellen.

4. Möhren, Knoblauch und Zwiebel im verbliebenen Bratfett andünsten. 300 ml kaltes Wasser zugießen, Beutelinhalt Fix für Tomaten Bolognese einrühren und unter Rühren aufkochen. Zugedeckt bei schwacher Hitze ca. 5 Minuten garen.

5. Petersilie waschen, trockenschütteln und in feine Streifen schneiden. Abgetropfte Nudeln mit Sugo und Filetstreifen anrichten. Mit Petersilienblättchen garnieren.

Pasta mit Räucherlachs

1. Nudeln nach Packungsanleitung in reichlich kochendem Salzwasser bissfest garen.
2. Frühlingszwiebeln putzen, waschen und in feine Ringe schneiden. Zwiebelringe in einer Pfanne im heißen Olivenöl andünsten.
3. 400 ml kaltes Wasser dazugießen, Beutelinhalt Fix für Lasagne al forno einrühren und aufkochen. Bei schwacher Hitze ca. 1 Minute kochen.
4. Räucherlachs in feine Streifen schneiden und mit Mascarpone zur Sauce geben.
5. Nudeln in einem Sieb abgießen und abtropfen lassen. Mit der Sauce mischen und sofort servieren.

Für 2–3 Portionen

300 g Hartweizennudeln, z.B. Castellane oder Penne
Salz
3 Frühlingszwiebeln
1–2 EL Olivenöl
1 Beutel KNORR Fix für Lasagne al forno
150 g Räucherlachs
1–2 EL Mascarpone

Zubereitungszeit

ca. 20 Minuten

Pro Portion (1 von 3)

2410 kJ/577 kcal,
24 g E, 17 g F, 79 KH

Ein Tag für... Leckere Nudeln

Spaghetti frutti di mare

Für 3 Portionen

250 g Spaghetti, Salz
300 g tiefgekühlte Meeresfrüchte, z.B. Krabben, Calamari und Muscheln
2 EL Olivenöl
1 Knoblauchzehe
50 ml Weißwein
1 Beutel KNORR Fix für Spaghetti Napoli
2 Frühlingszwiebeln

Zubereitungszeit

ca. 30 Minuten

Pro Portion

2165 kJ/518 kcal,
27 g E, 12 g F, 71 g KH

1. Spaghetti nach Packungsanleitung in reichlich kochendem Salzwasser bissfest garen.
2. Tiefgekühlte Meeresfrüchte auftauen und gut abtropfen lassen. Im heißen Olivenöl kurz anbraten, herausnehmen und warm stellen.
3. Knoblauchzehe schälen, in die Pfanne pressen und im verbliebenen Bratfett dünsten. 300 ml kaltes Wasser und Weißwein in die Pfanne gießen, Beutelinhalt Fix für Spaghetti Napoli einrühren und unter Rühren aufkochen.
4. Frühlingszwiebeln putzen, waschen und in feine Ringe schneiden. Mit den Meeresfrüchten zur Sauce geben und heiß werden lassen.
5. Spaghetti in einem Sieb abgießen, abtropfen lassen, mit der Sauce mischen und sofort servieren.

Tipp

Verfeinern Sie die Sauce mit 1 EL getrocknetem Rosmarin.

Ein Tag für ... Leckere Nudeln

Ein Tag für ... Gutes mit Hack

Hinreißend herzhaft: Wählen Sie unter vielen leckeren Ideen und machen Sie das Essen einfach zur schönsten Stunde des Tages.

Kartoffel-Hack-Auflauf nach Bauernart

Für 2–3 Portionen

250 g gemischtes Hackfleisch
1 EL Keimöl
1 Beutel KNORR Fix für Bauern-Topf mit Hackfleisch
450 g Kartoffeln
100 g Tomaten
100 g Crème fraîche
50 g geriebener Bergkäse
Petersilie

Zubereitungszeit

ca. 60 Minuten

Pro Portion (1 von 3)

2118 kJ/506 kcal,
25 g E, 34 g F, 24 g KH

Tipp

Statt des geriebenen Bergkäses können Sie auch andere kräftige Hartkäsesorten zum Überbacken verwenden.

1. Hackfleisch im heißen Öl anbraten, 1/4 l (250 ml) kaltes Wasser zugießen, Beutelinhalt Fix für Bauern-Topf mit Hackfleisch einrühren und unter Rühren aufkochen lassen.

2. Kartoffeln schälen und mit einem Gemüsehobel in sehr dünne Scheiben schneiden. 1/3 der Kartoffeln in einer flachen Auflaufform verteilen, die Hälfte der Hacksauce daraufgeben, wieder 1/3 Kartoffeln und restliche Sauce darübergeben. Tomaten waschen und in Scheiben schneiden.

3. Tomaten- und restliche Kartoffelscheiben dachziegelartig darauf verteilen. Abschließend mit Crème fraîche und Bergkäse bedecken.

4. Den Auflauf im vorgeheizten Backofen bei 200 °C (Umluft: 175 °C) ca. 45 Minuten backen. Nach Belieben mit Petersilie garnieren.

Ein Tag für… Gutes mit Hack

Hackfleisch-Pfanne mit Zucchini und Pilzen

Für 2–3 Portionen

1 Zwiebel
250 g gemischtes Hackfleisch
Salz, Pfeffer
4 EL Keimöl
100 g Zucchini
250 g kleine Champignons
1 Beutel KNORR Fix für Spaghetti Napoli
50 g Crème fraîche

Zubereitungszeit

ca. 35 Minuten

Pro Portion (1 von 3)

2450 kJ/587 kcal,
32 g E, 44 g F, 17 g KH

1. Zwiebel schälen und fein würfeln. Hackfleisch mit Zwiebelwürfeln, Salz und Pfeffer gut mischen.

2. Aus dem Fleischteig 10 kleine Hackbällchen formen und in 3 EL heißem Öl rundherum braten. Hackbällchen aus der Pfanne nehmen und warm stellen.

3. Zucchini waschen und in Stifte schneiden. Champignons putzen und halbieren. Beides in der Pfanne im restlichen Öl kurz dünsten.

4. 250 ml kaltes Wasser zu dem Gemüse gießen, Beutelinhalt Fix für Spaghetti Napoli einrühren und bei schwacher Hitze 2–3 Minuten kochen. Anschließend mit Crème fraîche verfeinern. Hackbällchen in die Sauce geben und heiß werden lassen.

Ein Tag für … Gutes mit Hack

Besonders günstig!

Chili con carne speziale

1. Hackfleisch in einer Pfanne im heißen Öl anbraten. Paprikaschoten halbieren, entkernen, waschen und in Würfel schneiden. Paprikawürfel zum Fleisch in die Pfanne geben und kurz mitbraten.

2. 300 ml kaltes Wasser zugießen, Beutelinhalt Fix für Spaghetti Bolognese einrühren und unter Rühren aufkochen. Die Bohnen in einem Sieb abgießen, abtropfen lassen und ebenfalls in die Pfanne geben. Bei schwacher Hitze ca. 5 Minuten kochen. Mit Chilipulver oder Tabasco scharf abschmecken.

3. Frühlingszwiebel putzen, in sehr feine Ringe schneiden und das Chili damit bestreuen und sofort servieren.

Dazu passt Reis.

Für 2–3 Portionen

250 g gemischtes Hackfleisch
2 EL Olivenöl
je 1 kleine rote und gelbe Paprikaschote
1 Beutel KNORR Fix für Spaghetti Bolognese
1 kleine Dose Kidneybohnen (Abtropfgewicht 125 g)
Chilipulver oder Tabasco
1 Frühlingszwiebel

Zubereitungszeit

ca. 20 Minuten

Pro Portion (1 von 3)

1448 kJ/346 kcal,
20 g E, 22 g F, 14 g KH

Ein Tag für… Gutes mit Hack

Hacksteaks mit Tomaten-Käse-Füllung

Für 3–4 Portionen

1 Beutel KNORR Fix für Hackbraten
500 g Rinderhack
2 EL Pesto verde
1 kleine Frühlingszwiebel
1 Tomate
50 g geriebener Emmentaler
2 EL Keimöl

Zubereitungszeit

ca. 30 Minuten

Pro Portion (1 von 4)

1821 kJ/435 kcal,
31 g E, 29 g F, 14 g KH

1. Beutelinhalt Fix für Hackbraten in eine Schüssel geben und mit 1/8 l (125 ml) lauwarmem Wasser verrühren. Hackfleisch und Pesto zugeben und gut vermischen.

2. Frühlingszwiebel waschen und putzen. Tomate waschen, vierteln und die Kerne entfernen. Frühlingszwiebel und Tomate klein schneiden und mit geriebenem Emmentaler mischen.

3. Aus dem Hackfleischteig 6 gleich große Kugeln formen. In die Mitte jeweils eine tiefe Mulde drücken und etwas von der Käse-Gemüse-Füllung hineingeben. Den Hackfleischteig über der Füllung verschließen und zu einem Hacksteak formen.

4. Hacksteaks in einer großen beschichteten Pfanne im heißen Öl bei mittlerer Hitze von jeder Seite ca. 8 Minuten braten.

   Dazu schmeckt süßsauer eingelegter Kürbis.

Ein Tag für ... Gutes mit Hack

»Falscher Hase« – Klassischer Hackbraten

Für 3–4 Portionen

100 g durchwachsener Speck
2 Frühlingszwiebeln
1 Beutel KNORR Fix für Hackbraten
500 g gemischtes Hackfleisch
1 EL mittelscharfer Senf
1 Zwiebel
100 g Gewürzgurken
2 EL Keimöl
1 TL KNORR Delikatess-Brühe
200 g Schmand
1 EL Fix-Soßenbinder, hell
Zucker nach Belieben

Zubereitungszeit

ca. 60 Minuten

Pro Portion (1 von 4)

2358 kJ/565 kcal,
33 g E, 40 g F, 19 g KH

1. Den Speck in 10 längliche Stifte schneiden und im Gefrierfach fest werden lassen. Frühlingszwiebeln putzen, waschen und in feine Ringe schneiden.

2. Beutelinhalt Fix für Hackbraten in 1/8 l (125 ml) lauwarmes Wasser einrühren. Hackfleisch und Frühlingszwiebeln zugeben und gut mischen. Die Hackmasse auf einem mit Backpapier ausgelegten Backblech zu einem Laib formen und die gefrorenen Speckstücke hineinstecken.

3. Den Braten mit Senf bestreichen und im vorgeheizten Backofen bei 200 °C (Umluft: 175 °C) ca. 40 Minuten backen.

4. Kurz vor Ende der Garzeit die Zwiebel schälen und fein würfeln. Die Gurken ebenfalls würfeln. Zwiebel- und Gurkenwürfel im heißen Öl hell dünsten. 200 ml Wasser zugießen, Delikatess-Brühe und Schmand einrühren und aufkochen. Mit Soßenbinder binden und nach Belieben mit Zucker abschmecken. Zum Hackbraten servieren.

Dazu schmecken Salzkartoffeln.

Hackbraten Mexiko mit feuriger Salsa

Für 4–6 Portionen

1 kleine rote Chilischote
1 Brötchen (vom Vortag)
500 g Rinderhack
1 Ei
1 Beutel KNORR Fix für Lasagne al forno
1/2 TL Kreuzkümmel
400 g Mais (Dose)
400 g Kidneybohnen (Dose)
2 EL gehackte Petersilie
2 Flaschen KNORR Schlemmersauce Mexikanische Salsa
1 rote Zwiebel
ca. 30 g Nachos (Tortilla-Chips)

Zubereitungszeit

ca. 70 Minuten

Pro Portion (1 von 6)

2426 kJ/579 kcal,
30 g E, 18 g F, 75 g KH

1. Die Chilischote halbieren, entkernen, waschen und fein hacken. Brötchen in kaltem Wasser einweichen, anschließend ausdrücken.

2. Hackfleisch mit gehackter Chilischote, ausgedrücktem Brötchen, Ei, Beutelinhalt Fix für Lasagne al forno und Kreuzkümmel gut mischen. Jeweils 300 g Mais und Kidneybohnen sowie die gehackte Petersilie untermischen.

3. Schlemmersauce Mexikanische Salsa in eine Auflaufform geben. Hackmasse zu einem Laib formen und in die Sauce legen. Restliche Maiskörner und Kidneybohnen um den Braten verteilen. Im vorgeheizten Backofen bei 200 °C (Umluft: 175 °C) ca. 45 Minuten backen.

4. Zwiebel schälen und in dünne Ringe schneiden. Hackbraten vor dem Servieren mit Zwiebelringen und Chips garnieren.

Dazu schmecken Fladenbrot und Sauerrahm mit Knoblauch und Koriander.

Ein Tag für … Gutes mit Hack

Gemüseragout mit Mini-Hackbällchen

Für 2–3 Portionen

200 g gemischtes Hackfleisch
Salz, Pfeffer
2 EL Keimöl
300 g Zucchini
1 rote Paprikaschote
1 Beutel KNORR Fix für Würstchen-Gulasch
1 Packung PFANNI Mini-Semmelknödel

Zubereitungszeit

ca. 35 Minuten

Pro Portion (1 von 3)

2000 kJ/477 kcal,
22 g E, 22 g F, 48 g KH

1. Hackfleisch mit Salz und Pfeffer würzen und zu 12 Bällchen formen. Die Hackbällchen im heißen Öl rundherum goldbraun braten, aus der Pfanne nehmen und warm stellen.

2. Zucchini putzen, waschen und in Scheiben bzw. Stücke schneiden. Paprikaschote halbieren, entkernen, waschen und in Würfel schneiden. Das Gemüse im restlichen Bratfett ca. 3 Minuten dünsten.

3. 1/4 l (250 ml) kaltes Wasser zum Gemüse gießen, Beutelinhalt Fix für Würstchen-Gulasch einrühren und unter Rühren aufkochen. Hackbällchen dazugeben und bei schwacher Hitze 5 Minuten garen.

4. Inzwischen die Semmelknödel in kochendes Wasser geben und bei schwacher Hitze 5 Minuten garen. Knödel in einem Sieb abgießen, abtropfen lassen und zusammen mit dem Gemüseragout servieren.

Ein Tag für ... Gutes mit Hack

Gefüllte Paprikaschoten

1. Reis in 1/4 l (250 ml) kochendem Salzwasser zugedeckt bei mittlerer Hitze nach Packungsanleitung garen. In einem Sieb abgießen und gut abtropfen lassen.
2. Zwiebel und Knoblauch schälen und fein würfeln. Mit Hackfleisch, Ei, Senf und dem abgetropften Reis mischen und mit Salz und Pfeffer abschmecken.
3. Paprikaschoten waschen und zum Füllen im oberen Drittel jeweils einen Deckel abschneiden. Trennwände und Kerne entfernen und die Schoten ausspülen. Die Füllung hineingeben und die Deckel wieder aufsetzen.
4. Passierte Tomaten in einen hohen Topf geben und aufkochen. Beutelinhalt Fix für Spaghetti Bolognese einrühren und bei schwacher Hitze ca. 5 Minuten kochen. Paprikaschoten in die Sauce stellen und zugedeckt bei mittlerer Hitze ca. 60 Minuten schmoren.

Dazu passt Reis.

Für 4 Portionen

125 g Langkornreis
Salz
1 kleine Zwiebel
1 Knoblauchzehe
300 g gemischtes Hackfleisch
1 Ei
1 EL Senf
Pfeffer
4 gleich große Paprikaschoten
2 Packungen passierte Tomaten (à 500 g)
1 Beutel KNORR Fix für Spaghetti Bolognese

Zubereitungszeit

ca. 80 Minuten

Pro Portion

1706 kJ/407 kcal,
23 g E, 17 g F, 40 g KH

Ein Tag für ... Gutes mit Hack

Chips-Auflauf alla mamma

1. Die Eier in kochendes Wasser geben und ca. 9 Minuten kochen. Kalt abschrecken, pellen und in Scheiben schneiden. Frühlingszwiebeln putzen, waschen und in feine Ringe schneiden. Gouda fein würfeln.

2. Hackfleisch im heißen Öl anbraten. 1/2 l (500 ml) kaltes Wasser zugießen, Beutelinhalt Fix für Ofen-Makkaroni alla mamma einrühren und aufkochen. Zugedeckt bei schwacher Hitze ca. 2 Minuten kochen.

3. Die Hälfte der Chips in eine flache Auflaufform geben. Jeweils die Hälfte der Frühlingszwiebeln, Hacksauce, Eierscheiben und Käsewürfel abwechselnd darüberschichten. Mit den restlichen Zutaten ebenso verfahren, dabei mit Käse abschließen.

4. Den Auflauf im vorgeheizten Backofen bei 200 °C (Umluft: 175 °C) ca. 20 Minuten backen.

Für 3–4 Portionen

4 Eier
4 Frühlingszwiebeln
100 g Gouda
450 g gemischtes Hackfleisch
2–3 EL Keimöl
1 Beutel KNORR Fix für Ofen-Makkaroni alla mamma
100 g Nachos (Tortilla-Chips)

Zubereitungszeit

ca. 45 Minuten

Pro Portion (1 von 4)

2613 kJ/625 kcal,
37 g E, 42 g F, 24 g KH

Ein Tag für... Gutes mit Hack

Hot Tacos mit Mais-Hack-Füllung

Für 12 Stück

1 Gemüsezwiebel
je 1 kleine rote und
grüne Chilischote
250 g Beefsteakhack (Tatar)
1 EL Keimöl
1 Beutel KNORR Fix für
Chili con Carne
1 kleine Dose Mais
(Abtropfgewicht 140 g)
12 Tacoschalen
250 g Tomaten
1 Römersalatherz
200 g Joghurt (1,5 % Fett)

Zubereitungszeit

ca. 30 Minuten

Pro Stück

476 kJ / 114 kcal,
7 g E, 4 g F, 10 g KH

1. Zwiebel schälen und würfeln. Chilischoten halbieren, entkernen, waschen und in dünne Ringe schneiden. Hackfleisch im heißen Öl krümelig anbraten. Zwiebel und Chilischoten zugeben und bei mittlerer Hitze glasig dünsten.

2. 1/4 l (250 ml) kaltes Wasser zugießen, Beutelinhalt Fix für Chili con Carne einrühren und aufkochen. Mais abtropfen lassen und untermischen. Bei schwacher Hitze 5 Minuten garen, ab und zu umrühren.

3. Tacoschalen nach Anleitung erhitzen. Tomaten waschen und würfeln. Salat waschen, trockenschleudern und in Streifen schneiden. Joghurt cremig rühren.

4. Zuerst die Mais-Hack-Mischung, dann Tomate und Salatstreifen in die Tacoschalen füllen. Zum Schluss einen Klecks Joghurt daraufgeben. Tacos aus der Hand essen.

Ein Tag für ... Gutes mit Hack

Bulettenspieße im Gemüsebett

Für 4 Portionen

250 g Rinderhack
Salz
Pfeffer
1 kleine dünne Zucchini (ca. 150 g)
8 Cocktailtomaten
8 fingerdicke Scheiben Baguette
3 EL Keimöl
1 Fenchelknolle (ca. 250 g)
je 1 rote und gelbe Paprikaschote
1 Beutel KNORR Fix für Geschnetzeltes Züricher Art
2 EL gehackte Petersilie

Außerdem
8 Holzspieße

Zubereitungszeit
ca. 40 Minuten

Pro Portion
1832 kJ/440 kcal,
19 g E, 26 g F, 32 g KH

1. Hackfleisch mit Salz und Pfeffer würzen und mit feuchten Händen 8 kleine Buletten formen.

2. Zucchini waschen und in 8 Scheiben schneiden. Cocktailtomaten waschen. Zucchini, Tomaten, Buletten und Brotscheiben abwechselnd auf 8 Holzspieße stecken. Öl in einer beschichteten Pfanne erhitzen und die Spieße rundherum 8–10 Minuten braten. Herausnehmen und warm stellen.

3. Fenchel und Paprikaschoten putzen, waschen, in Streifen schneiden und im verbliebenen Bratfett hell dünsten. 1/4 l (250 ml) kaltes Wasser dazugießen, Beutelinhalt Fix für Geschnetzeltes Züricher Art einrühren und aufkochen. Bei schwacher Hitze ca. 7 Minuten garen.

4. Petersilie unter das Gemüse geben und mit den Spießen servieren.

Ein Tag für... Gutes mit Hack

Apfel-Speck-Frikadellen auf Bohnengemüse

Für 3–4 Portionen

50 g durchwachsener Speck
500 g Schweinehackfleisch
1 Beutel KNORR Fix für knusprige Hähnchenschenkel
1 Ei
1 kleiner Apfel (ca. 150 g)
2 EL Keimöl
500 g breite grüne Bohnen
Salz
100 g Crème fraîche
1/2 TL KNORR Gemüse-Bouillon
1–2 EL Fix Soßenbinder, hell
Pfeffer und getrocknetes Bohnenkraut nach Belieben

Zubereitungszeit
ca. 30 Minuten

Pro Portion (1 von 4)
1915 kJ/459 kcal,
29 g E, 33 g F, 11 g KH

1. Speck in kleine Würfel schneiden. Hackfleisch mit dem Beutelinhalt Fix für knusprige Hähnchenschenkel, Ei und Speckwürfeln mischen. Den Apfel waschen, schälen, entkernen, grob reiben und unter die Hackmasse mischen.

2. Mit feuchten Händen 6–8 Frikadellen formen und im heißen Öl bei mittlerer bis schwacher Hitze ca. 9 Minuten braten.

3. Bohnen waschen, putzen, schräg in Stücke schneiden und in 200 ml Salzwasser ca. 8 Minuten garen. Crème fraîche und Gemüse-Bouillon zufügen und aufkochen.

4. Bohnengemüse mit Soßenbinder binden und nach Belieben mit Salz, Pfeffer und Bohnenkraut abschmecken. Mit den Frikadellen servieren.

   Dazu passen Salz- oder Bratkartoffeln.

Ein Tag für ... Gutes mit Hack

Mediterraner Gemüse-Hack-Auflauf

Für 4 Portionen

1 Beutel KNORR Fix für Hackbraten
500 g gemischtes Hackfleisch
1 Knoblauchzehe
1 Prise Zimt
4 EL Olivenöl
200 g Zucchini
je 1 gelbe und rote Paprikaschote
Salz, Pfeffer
2 TL KNORR Delikatess-Brühe
150 g Crème fraîche

Zubereitungszeit

ca. 45 Minuten

Pro Portion

2370 kJ/568 kcal,
30 g E, 47 g F, 6 g KH

1. Beutelinhalt Fix für Hackbraten in 1/8 l (125 ml) lauwarmes Wasser einrühren. Hackfleisch untermischen. Knoblauch schälen und dazupressen. Hackmasse mit Zimt abschmecken und mit feuchten Händen 14 flache Plätzchen formen. Fleischplätzchen im heißen Öl von beiden Seiten anbraten, anschließend herausnehmen.

2. Zucchini waschen, putzen und in Scheiben schneiden. Paprikaschoten halbieren, entkernen, waschen und in große Stücke schneiden. Gemüse im verbliebenen Bratfett ca. 4 Minuten braten. Mit Salz und Pfeffer würzen.

3. Fleischplätzchen und Gemüsestücke in eine flache Auflaufform schichten. Delikatess-Brühe in 150 ml heißes Wasser einrühren und über die Zutaten gießen. Crème fraîche glatt rühren und darüber verteilen.

4. Im vorgeheizten Backofen bei 200 °C (Umluft: 175 °C) 25 Minuten backen.

Lasagne mit Mais und Bohnen

1. Hackfleisch im heißen Öl anbraten. 1/2 l (500 ml) kaltes Wasser zufügen, Beutelinhalt Fix für Ofen-Makkaroni alla mamma einrühren und aufkochen.
2. Kidneybohnen und Gemüsemais in einem Sieb abtropfen lassen, zum Hackfleisch geben und bei schwacher Hitze 1 Minute kochen. Die Sauce nach Belieben mit Cayennepfeffer pikant abschmecken.
3. In einer Auflaufform abwechselnd Sauce und Lasagneplatten einschichten. Mit Sauce beginnen und abschließen.
4. Crème fraîche glatt rühren, zuletzt auf der Lasagne verteilen und im vorgeheizten Backofen bei 200 °C (Umluft: 175 °C) ca. 35 Minuten backen.

Für 2–3 Portionen

300 g gemischtes Hackfleisch
2 EL Keimöl
1 Beutel KNORR Fix für Ofen-Makkaroni alla mamma
250 g Kidneybohnen (Dose)
150 g Gemüsemais (Dose)
Cayennepfeffer nach Belieben
6 Lasagneplatten ohne Vorkochen
100 g Crème fraîche

Zubereitungszeit

ca. 45 Minuten

Pro Portion (1 von 3)

2438 kJ/582 kcal,
33 g E, 29 g F, 46 g KH

Ein Tag für ... Gutes mit Hack

Kartoffel-Hack-Pfanne mit Bergkäse

Für 3-4 Portionen

600 g Kartoffeln
250 g Rinderhack
2 EL Olivenöl
1 Beutel KNORR Fix für Makkaroni al forno
1 rote Paprikaschote
1/2 Chilischote
3 Frühlingszwiebeln
50 g geriebener Bergkäse

Zubereitungszeit

30 Minuten

Pro Portion (1 von 4)

1557 kJ/372 kcal,
21 g E, 18 g F, 31 g KH

Tipp

Probieren Sie das Gericht auch mit Lammhack.

1. Kartoffeln schälen und mit einem Gemüsehobel in dünne Scheiben schneiden. Rinderhack im heißen Öl krümelig anbraten. Kartoffelscheiben zugeben und ca. 6 Minuten bei mittlerer Hitze mitbraten.

2. 450 ml kaltes Wasser zugießen, Beutelinhalt Fix für Makkaroni al forno einrühren und einmal aufkochen lassen. Zugedeckt bei schwacher Hitze ca. 10 Minuten garen.

3. Paprikaschote und Chilischote halbieren, entkernen, waschen, in feine Streifen schneiden. Frühlingszwiebeln putzen, waschen und in dicke Ringe schneiden. Alles zur Kartoffel-Hack-Pfanne geben und weitere 6 Minuten garen.

4. Am Ende der Garzeit geriebenen Bergkäse unterrühren und servieren.

Asia-Mettbällchen mit Mangosauce

1. Mango schälen, das Fruchtfleisch vom Stein schneiden und klein würfeln. Ingwer schälen, fein reiben und unter das Schweinemett mischen.

2. Mett zu Bällchen formen und in einer Pfanne im heißen Öl rundherum braten. Herausnehmen und warm stellen.

3. 200 ml Wasser in die Pfanne gießen, Beutelinhalt Fix für Currywurst einrühren und unter Rühren aufkochen. Mangowürfel dazugeben und bei schwacher Hitze unter Rühren ca. 5 Minuten garen. Mit Aprikosenkonfitüre abschmecken.

Für 2–3 Portionen

1/2 reife Mango
50 g frischer Ingwer
350 g Schweinemett
1–2 EL Keimöl
1 Beutel KNORR Fix für Currywurst
1 EL Aprikosenkonfitüre

Zubereitungszeit

ca. 25 Minuten

Pro Portion (1 von 3)

1540 kJ/368 kcal,
23 g E, 25 g F, 13 g KH

Ein Tag für ... Gutes mit Hack

Hackbällchen mit Kichererbsen

Für 3 Portionen

400 g gemischtes Hackfleisch
Salz
Pfeffer
1 EL Keimöl
100 ml Schlagsahne oder RAMA Cremefine zum Kochen
1 Beutel KNORR Fix für Nudel-Hackfleisch-Gratin
1 Dose Kichererbsen (Abtropfgewicht 265 g)
1 Knoblauchzehe
75 g getrocknete Datteln
Chilipulver und gehackte Petersilie nach Belieben

Zubereitungszeit

ca. 30 Minuten

Pro Portion

2762 kJ/660 kcal,
36 g E, 35 g F, 50 g KH

1. Hackfleisch mit Salz und Pfeffer würzen, zu kleinen Bällchen formen und im heißen Öl rundherum ca. 6 Minuten braten. Aus der Pfanne nehmen und warm stellen.

2. 300 ml kaltes Wasser und Sahne in die Pfanne gießen, Beutelinhalt Fix für Nudel-Hackfleisch-Gratin einrühren und aufkochen.

3. Kichererbsen in einem Sieb abgießen und abtropfen lassen. Knoblauchzehe schälen und fein hacken. Datteln in kleine Würfel schneiden. Alles zur Sauce geben und bei schwacher Hitze ca. 5 Minuten garen.

4. Hackbällchen nach Belieben mit Chilipulver und gehackter Petersilie abschmecken.

Dazu schmeckt Basmatireis.

Berliner Buletten mit Apfel und Zwiebel

Für 4 Portionen

1 Beutel KNORR Fix für Hackbraten
500 g gemischtes Hackfleisch
1 Apfel, 1 Zwiebel
2 EL Keimöl
1 Innenpäckchen KNORR Soße zum Braten

Zubereitungszeit

ca. 25 Minuten

Pro Portion

1919 kJ/458 kcal,
27 g E, 29 g F, 22 g KH

1. Beutelinhalt Fix für Hackbraten in 100 ml lauwarmes Wasser einrühren. Hackfleisch dazugeben und gut mischen. Mit den Händen 8 kleine Buletten formen.

2. Den Apfel waschen, das Kerngehäuse mit einem Ausstecher entfernen und das Fruchtfleisch in Ringe schneiden. Zwiebel schälen und ebenfalls in Ringe schneiden.

3. Buletten in einer Pfanne im heißen Öl von jeder Seite ca. 8 Minuten braten. Herausnehmen und warm stellen.

4. Apfel- und Zwiebelringe in die Pfanne geben und bei mittlerer Hitze ca. 5 Minuten braten. 1/4 l (250 ml) kaltes Wasser zufügen, Innenpäckchen Soße zum Braten einrühren und unter Rühren aufkochen. 1 Minute kochen lassen. Buletten mit der Soße servieren.

Dazu schmeckt Kartoffel-Erbsen-Püree.

Tipp

Buletten übrig? Leckere Frikadellenbrötchen mit Senf und Salatgarnitur zubereiten.

Ein Tag für ... Gutes mit Hack

Wirsing-Gratin mit Hackbällchen

Für 3 Portionen

500 g Wirsing
Salz
100 ml Schlagsahne
oder RAMA Cremefine
zum Kochen
1/2 rote Paprikaschote
300 g gemischtes
Hackfleisch
Pfeffer
1/2 TL Paprikapulver, edelsüß
1 Beutel KNORR Fix für
Nudel-Schinken-Gratin
1 Prise gemahlene
Muskatnuss
50 g geriebener Käse,
z.B. Emmentaler

Zubereitungszeit

ca. 60 Minuten

Pro Portion

1758 kJ/422 kcal,
29 g E, 29 g F, 11 g KH

1. Wirsing putzen, waschen und in breite Streifen schneiden. Wirsingstreifen ca. 2 Minuten in kochendem, leicht gesalzenem Wasser garen. Herausnehmen, gut abtropfen lassen und in eine Auflaufform geben. Vom Gemüsewasser 300 ml abmessen, Sahne zufügen.

2. Paprikaschote halbieren, entkernen, waschen und in kleine Würfel schneiden. Hackfleisch mit Salz, Pfeffer und Paprikapulver würzen und daraus ca. 15 Bällchen formen.

3. Hackbällchen auf den Wirsingstreifen verteilen und die Paprikawürfel darüberstreuen.

4. Beutelinhalt Fix für Nudel-Schinken-Gratin und Muskatnuss in das Gemüsewasser einrühren, unter Rühren aufkochen und die Sauce über den Auflauf gießen. Mit Käse bestreuen und im vorgeheizten Backofen bei 200 °C (Umluft: 175 °C) 25–30 Minuten backen.

Dazu passt Kartoffelpüree.

Tomaten-Hack-Suppe mit Rucola

Für 2–3 Portionen

200 g gemischtes Hackfleisch
1–2 EL Olivenöl
1 Knoblauchzehe
1 Beutel KNORR Fix für Tomaten Bolognese
250 g italienische weiße Bohnen (Dose)
1 rote Chilischote
50 g Rucola
1 EL Aceto balsamico (Balsamico-Essig)
Salz
Pfeffer

Zubereitungszeit

ca. 25 Minuten

Pro Portion (1 von 3)

1860 kJ/444 kcal,
28 g E, 26 g F, 25 g KH

Tipp

Die Suppe mit gehobeltem Parmesan bestreuen.

1. Hackfleisch im heißen Öl krümelig braten. Knoblauchzehe schälen, fein würfeln und dazugeben.

2. 600 ml kaltes Wasser dazugießen, Beutelinhalt Fix für Tomaten Bolognese einrühren und unter Rühren aufkochen. Bohnen in einem Sieb abtropfen lassen. Chilischote halbieren, entkernen, waschen und klein schneiden. Bohnen und Chili zufügen und die Suppe zugedeckt bei schwacher Hitze ca. 5 Minuten garen.

3. Rucolablätter waschen und klein schneiden. Rucola zur Suppe geben und 2 Minuten mitgaren. Tomaten-Hack-Suppe mit Aceto balsamico, Salz und Pfeffer abschmecken.

   Dazu passt Ciabattabrot.

Ein Tag für ... Saftige Schnitzel

Alle lieben Schnitzel. Ob klassisch nach Wiener Art, mediterran oder exotisch – sie sind die Stars einer kreativen Genießerküche.

Sesamschnitzelchen mit Kartoffelsalat

Für 4 Portionen

600 g kleine festkochende Kartoffeln
Salz
125 g Rucola
125 g Cocktailtomaten
1 Becher Mozzarella-Kugeln (Abtropfgewicht 125 g)
2 Beutel KNORR Salatkrönung »Küchenkräuter«
1 TL mittelscharfer Senf
6 EL Keimöl
Pfeffer
300 g Putenmedaillons
1 Beutel KNORR Fix für knuspriges Wiener Schnitzel
3 EL Sesamsamen

Zubereitungszeit

ca. 40 Minuten

Pro Portion

2217 kJ/531 kcal,
33 g E, 27 g F, 38 g KH

1. Kartoffeln waschen und in kochendem Salzwasser garen. Rucola putzen, waschen, trockenschleudern und grob hacken. Tomaten waschen und halbieren. Kartoffeln abgießen, kalt abschrecken und die Schale abziehen. Kartoffeln halbieren oder vierteln.

2. Salatzutaten und Mozzarella-Kugeln in eine Schüssel geben. Inhalt beider Beutel Salatkrönung mit 6 EL Wasser, Senf und 3 EL Öl verrühren, über die Salatzutaten geben und mischen. Nach Belieben salzen und pfeffern.

3. Putenmedaillons in 12 Stücke schneiden. Beutelinhalt Fix für knuspriges Wiener Schnitzel auf einen flachen Teller geben und mit Sesamsamen mischen. Schnitzelchen mit Wasser befeuchten, in die Panade legen, andrücken, wenden und erneut gut andrücken.

4. Restliches Öl in einer beschichteten Pfanne erhitzen. Schnitzelchen bei mittlerer Hitze goldbraun braten und mit Kartoffelsalat servieren.

Ein Tag für ... Saftige Schnitzel

Schnitzeltaschen mit Basilikumfüllung

Für 3 Portionen

1 EL Pinienkerne
1 Möhre (ca. 150 g)
3 dünne Putenschnitzel
(à 120 g)
Pfeffer
1/2 Bund Basilikum
1 Beutel KNORR Fix für
Makkaroni al forno
50 ml Schlagsahne
oder RAMA Cremefine
zum Kochen

Zubereitungszeit

ca. 50 Minuten

Pro Portion

1134 kJ/266 kcal,
32 g E, 9 g F, 12 g KH

1. Pinienkerne grob hacken. Möhre schälen und in dünne Streifen schneiden.

2. Putenschnitzel eventuell etwas flachklopfen und die Möhrenstreifen darauf verteilen. Basilikum waschen, trockenschütteln, die Blättchen abzupfen und die Schnitzel damit belegen. Putenschnitzel in der Mitte zusammenklappen und nebeneinander in eine flache Auflaufform legen.

3. Beutelinhalt Fix für Makkaroni al forno in 1/4 l (250 ml) kaltes Wasser und Sahne einrühren. Pinienkerne zufügen und gleichmäßig über das Fleisch gießen. Im vorgeheizten Backofen bei 200 °C (Umluft: 175 °C) 25–30 Minuten garen.

Dazu schmeckt Risotto.

Schnitzel mediterran mit Tomatensugo

1. Schnitzel flachklopfen, halbieren und in einer Pfanne im heißen Öl von beiden Seiten jeweils 4–5 Minuten braten. Herausnehmen und warm stellen.

2. Getrocknete Tomaten abtropfen lassen, würfeln und im verbliebenen Öl in der Pfanne anbraten. 400 ml kaltes Wasser zufügen, Beutelinhalt Fix für Ofen-Makkaroni alla mamma einrühren und aufkochen.

3. Cocktailtomaten waschen und halbieren. Basilikum waschen, trockenschütteln, die Blättchen abzupfen und zusammen mit den Tomaten zur Sauce geben. Kurz aufkochen lassen und zu den Schnitzeln servieren.

Für 2–3 Portionen

3 dünne Schweineschnitzel (à 100 g)
2 EL Olivenöl
60 g eingelegte getrocknete Tomaten
1 Beutel KNORR Fix für Ofen-Makkaroni alla mamma
200 g Cocktailtomaten
1 Stiel Basilikum

Zubereitungszeit

ca. 20 Minuten

Pro Portion (1 von 3)

1415 kJ/339 kcal,
26 g E, 21 g F, 10 g KH

Kalbsschnitzel in Knoblauchsauce

Für 2–3 Portionen

1–2 Knoblauchzehen
1 kleines Bund glatte Petersilie
120 g Cocktailtomaten
4 Kalbsschnitzel (à 100 g)
2 EL Olivenöl
50 ml Weißwein
1 Beutel KNORR Fix für Rouladen

Zubereitungszeit

ca. 30 Minuten

Pro Portion (1 von 3)

1251 kJ/299 kcal,
31 g E, 14 g F, 9 g KH

1. Knoblauchzehen schälen und fein hacken. Petersilie waschen, trockenschütteln, die Blätter abzupfen und ebenfalls fein hacken. Cocktailtomaten waschen und halbieren.
2. Schnitzel in einer beschichteten Pfanne im heißen Öl braten. Herausnehmen und warm stellen.
3. Knoblauch im verbliebenen Bratfett dünsten. 300 ml Wasser und Weißwein zufügen, Beutelinhalt Fix für Rouladen einrühren und ca. 1 Minute kochen.
4. Cocktailtomaten, gehackte Petersilie und Schnitzel in die Sauce geben und heiß werden lassen.

Dazu schmecken Gnocchi oder Weißbrot.

Ein Tag für … Saftige Schnitzel

Zigeunerschnitzel mit scharfer Sauce

Für 4 Portionen

4 Schnitzel (à 150 g)
Salz, Pfeffer
2 Eier
60 g Semmelbrösel (Paniermehl)
30 g Mehl
3 EL Keimöl
1 große rote Paprikaschote
1 Zwiebel
1 Beutel KNORR Fix für Spaghetti Napoli
Tabasco

Zubereitungszeit

ca. 30 Minuten

Pro Portion

1731 kJ / 414 kcal,
38 g E, 18 g F, 25 g KH

Tipp

Wenn es noch schneller gehen soll, für die Panade KNORR Fix für knuspriges Wiener Schnitzel verwenden.

1. Schnitzel flachklopfen, salzen und pfeffern. Eier in einem tiefen Teller verquirlen. Semmelbrösel und Mehl ebenfalls in tiefe Teller geben. Schnitzel zuerst in Mehl, dann in Ei und zuletzt in Semmelbröseln wenden. Panade fest andrücken. Die Schnitzel in 2 EL heißem Öl von jeder Seite ca. 6 Minuten braten.

2. Paprikaschote halbieren, entkernen, waschen und in dünne Streifen schneiden. Zwiebel schälen, in dünne Scheiben schneiden und in einem Topf im restlichen Öl andünsten. Nach ca. 5 Minuten Garzeit die Paprikastreifen zufügen und weitere 5 Minuten dünsten.

3. 1/4 l (250 ml) kaltes Wasser zugießen, Beutelinhalt Fix für Spaghetti Napoli einrühren und unter Rühren aufkochen. Mit Tabasco scharf abschmecken und 1–2 Minuten kochen lassen. Schnitzel mit der Sauce servieren.

Ein Tag für … Saftige Schnitzel

Gefüllte Schweinekoteletts

Für 3 Portionen

3 Schweinekoteletts
(à ca. 220 g)
150 g Schafskäse (Feta)
3 Tomaten
3 EL gehackte Petersilie
1 EL Mandelblättchen
3 EL Olivenöl
getrockneter Thymian
Salz
Pfeffer
1 Beutel KNORR Fix für
Geschnetzeltes Züricher Art

Außerdem
Küchengarn oder
Holzspießchen

Zubereitungszeit
ca. 45 Minuten

Pro Portion
2510 kJ/602 kcal,
42 g E, 44 g F, 9 g KH

1. In die Koteletts vom Rand zum Knochen je eine tiefe Tasche schneiden.

2. Schafskäse mit einer Gabel zerdrücken. 2 Tomaten waschen, entkernen und würfeln. Schafskäse, Tomatenwürfel, 2 EL Petersilie, Mandelblättchen und 1 EL Öl verrühren. Mit Thymian, Salz und Pfeffer abschmecken. Koteletts damit füllen und die Taschen mit Garn zunähen oder mit Holzspießchen verschließen.

3. Koteletts im restlichen Öl bei mittlerer Hitze von jeder Seite 5–7 Minuten braten. 1/4 l (250 ml) kaltes Wasser dazugießen, Beutelinhalt Fix für Geschnetzeltes Züricher Art einrühren und unter Rühren aufkochen. Zugedeckt bei schwacher Hitze ca. 1 Minute garen.

4. Restliche Tomate kurz in kochendes Wasser tauchen, dann kalt abschrecken und die Haut abziehen. Tomate klein schneiden und in der Sauce erwärmen. Restliche Petersilie darüberstreuen.

Dazu passen grüne Bohnen und Salzkartoffeln.

Ein Tag für … Saftige Schnitzel

Schnitzeltaschen auf Sauce Napoli

Für 3 Portionen

3 Putenschnitzel (à 125 g)
Salz, Pfeffer
3 Scheiben gekochter Schinken
50 g geriebener Käse, z.B. Gouda
2 EL Olivenöl
1 Beutel KNORR Fix für Spaghetti Napoli
1 Packung PFANNI Mini Kartoffel-Knödel

Außerdem
Holzspießchen

Zubereitungszeit

ca. 30 Minuten

Pro Portion

2627 kJ/627 kcal,
47 g E, 23 g F, 56 g KH

1. Schnitzel flachklopfen, quer halbieren, salzen und pfeffern. Schinkenscheiben halbieren, auf die Schnitzel legen und den geriebenen Käse darauf verteilen.

2. Schnitzel in der Mitte zusammenklappen, mit Holzspießchen feststecken und im heißen Öl von jeder Seite ca. 6 Minuten braten. Fleisch aus der Pfanne nehmen.

3. 1/4 l (250 ml) kaltes Wasser in die Pfanne gießen. Beutelinhalt Fix für Spaghetti Napoli einrühren und unter Rühren aufkochen. Schnitzel wieder dazugeben und kurz in der Sauce erhitzen.

4. Inzwischen Knödel ins kochende Wasser geben und bei mittlerer Hitze 7 Minuten garen. Knödel in einem Sieb abgießen und zusammen mit den Schnitzeltaschen und der Sauce servieren.

Speckschnitzel auf Apfelkraut

1. Schnitzel in Nuggetgröße schneiden und mit Salz und Pfeffer würzen. Speck fein würfeln und mit Semmelbröseln mischen. Eier in einem tiefen Teller verquirlen. Mehl ebenfalls in einen tiefen Teller geben. Schnitzelstücke zunächst in Mehl, dann in Ei und zuletzt in der Speck-Brösel-Mischung wenden. Panade fest andrücken.

2. Zwiebel schälen, würfeln und in 1 EL heißem Öl andünsten. Sauerkraut abtropfen lassen und zugeben. Apfelsaft zugießen, Beutelinhalt Fix für Nudel-Schinken-Gratin einrühren und unter Rühren aufkochen. Das Kraut zugedeckt bei schwacher Hitze ca. 10 Minuten garen.

3. Die Schnitzel im restlichen Öl bei mittlerer Hitze goldgelb braten, herausnehmen und warm stellen. Apfel waschen, entkernen, würfeln und im verbliebenen Bratfett andünsten. Zucker zugeben und etwas karamellisieren lassen. Apfel zum Schluss unter das Kraut mischen und zu den Speckschnitzeln servieren.

Dazu passt Kartoffelpüree.

Für 2–3 Portionen

2 Schweineschnitzel (à 150 g)
Salz, Pfeffer
75 g durchwachsener Speck
100 g Semmelbrösel (Paniermehl)
1–2 Eier
2 EL Mehl
1 Zwiebel
3 EL Keimöl
1 Dose Sauerkraut (Abtropfgewicht 285 g)
300 ml Apfelsaft
1 Beutel KNORR Fix für Nudel-Schinken-Gratin
1 großer roter Apfel
1 EL Zucker

Zubereitungszeit

ca. 40 Minuten

Pro Portion (1 von 3)

2624 kJ/629 kcal,
36 g E, 28 g F, 55 g KH

Ein Tag für... Saftige Schnitzel

Besonders günstig!

Kartoffel-Jägerpfanne mit Lauch und Pilzen

1. Schweineschnitzel in Streifen schneiden und im heißen Keimöl bei starker Hitze braten. Schnitzel aus der Pfanne nehmen und warm stellen.

2. Kartoffeln schälen und würfeln. Lauch putzen, waschen und in Ringe schneiden. Champignons putzen, waschen und in Scheiben schneiden. Paprikaschote halbieren, entkernen, waschen und würfeln.

3. Das Gemüse in die Pfanne geben, 300 ml kaltes Wasser dazugießen, Beutelinhalt Fix für Jäger-Schnitzel einrühren, unter Rühren aufkochen und zugedeckt bei schwacher Hitze 10 Minuten kochen. Das Fleisch dazugeben und in der Sauce heiß werden lassen.

Für 2–3 Portionen

300 g Schweineschnitzel
2 EL Keimöl
200 g Kartoffeln
100 g Lauch (Porree)
150 g Champignons
1 kleine rote Paprikaschote
1 Beutel KNORR Fix für Jäger-Schnitzel

Zubereitungszeit

ca. 35 Minuten

Pro Portion (1 von 3)

1955 kJ/470 kcal,
39 g E, 23 g F, 25 g KH

Ein Tag für … Saftige Schnitzel

Kalbsschnitzel alla saltimbocca

Für 3 Portionen

2 Kalbsschnitzel (à 150 g)
Salz
Pfeffer
4 Scheiben Parmaschinken
einige Salbeiblätter
1–2 EL Keimöl
3/8 l (375 ml) kalte Milch
1 Beutel KNORR Fix für Spaghetti alla Carbonara
1 TL Zitronensaft

Außerdem
Holzspießchen

Zubereitungszeit

ca. 30 Minuten

Pro Portion

1305 kJ/312 kcal,
40 g E, 16 g F, 11 g KH

1. Jedes Schnitzel in 3 Stücke teilen, leicht flachklopfen, mit Salz und Pfeffer würzen. 3 Scheiben Parmaschinken in der Mitte durchschneiden. 1 Scheibe Parmaschinken in Streifen schneiden.

2. Auf jedes Schnitzelchen 1/2 Schinkenscheibe und 1–2 Salbeiblätter legen, mit Holzspießchen auf dem Fleisch feststecken. Schnitzel im heißen Öl von beiden Seiten kurz braten, herausnehmen und warm stellen.

3. Milch in die Pfanne gießen und Beutelinhalt Fix für Spaghetti alla Carbonara einrühren. Unter Rühren aufkochen und bei schwacher Hitze ca. 3 Minuten kochen.

4. Die Schinkenstreifen zur Sauce geben. Sauce mit Zitronensaft abschmecken und zu den Schnitzeln servieren.

Dazu passen Bandnudeln.

Ein Tag für … Saftige Schnitzel

Parmesanschnitzel auf Lauchgemüse

Für 3–4 Portionen

40 g Semmelbrösel (Paniermehl)
40 g geriebener Parmesan
1 Ei
30 g Mehl
4 dünne Schweineschnitzel (à 100 g)
Salz
Pfeffer
2 EL Keimöl
400 g Lauch (Porree)
80 g Schinkenspeck
1 Beutel KNORR Fix für Würstchen-Gulasch

Zubereitungszeit

ca. 20 Minuten

Pro Portion (1 von 4)

1661 kJ/397 kcal,
47 g E, 13 g F, 23 g KH

1. Semmelbrösel mit Parmesan mischen. Ei in einem tiefen Teller verquirlen. Mehl ebenfalls in einen tiefen Teller geben. Schnitzel salzen, pfeffern und zunächst in Mehl, dann in Ei und zuletzt in der Käse-Brösel-Mischung wenden. Panade fest andrücken. Schnitzel in einer beschichteten Pfanne in 1 EL heißem Öl goldgelb braten.

2. Lauch putzen, waschen und in dünne Ringe schneiden. Schinkenspeck in feine Streifen schneiden und in einem Topf im restlichen Öl anbraten. Lauchringe zufügen und 2 Minuten mitbraten.

3. 1/4 l (250 ml) kaltes Wasser zugießen, Beutelinhalt Fix für Würstchen-Gulasch einrühren und aufkochen. Zugedeckt bei schwacher Hitze 5–6 Minuten garen. Schnitzel mit dem Lauchgemüse servieren.

Ein Tag für… Saftige Schnitzel

Gnocchi-Gratin mit Schnitzelstreifen

Für 2–3 Portionen

300 g Schweineschnitzel
2 EL Keimöl
1 rote Paprikaschote
3 Frühlingszwiebeln
1 Beutel KNORR Fix für Gulasch
500 g Gnocchi (Frischepack)
60 g geriebener Emmentaler

Zubereitungszeit

ca. 30 Minuten

Pro Portion (1 von 3)

2409 kJ/574 kcal,
41 g E, 16 g F, 66 g KH

1. Schnitzel in Streifen schneiden und in einer beschichteten Pfanne im heißen Öl anbraten. Paprikaschote halbieren, entkernen, waschen und in Streifen schneiden. Frühlingszwiebeln waschen, putzen und in 2 cm lange Stücke schneiden. Gemüse zum Fleisch geben und kurz mitbraten.

2. 350 ml kaltes Wasser zugießen, Beutelinhalt Fix für Gulasch einrühren und aufkochen. Alles in eine große Auflaufform geben.

3. Gnocchi auf dem Fleisch verteilen und mit geriebenem Käse bestreuen. Im vorgeheizten Backofen bei 250 °C (Umluft: 225 °C) ca. 10 Minuten goldgelb überbacken.

   Dazu schmeckt grüner Salat.

Ein Tag für ... Saftige Schnitzel

Ofenschnitzel mit Champignons

Besonders günstig!

1. Zwiebel und Knoblauchzehe schälen, Zwiebel fein würfeln, Knoblauch fein hacken. Champignons putzen und in Scheiben schneiden. Alles im heißen Öl anbraten.
2. Beutelinhalt Fix für Bauern-Topf mit Hackfleisch mit Sahne verrühren. Kartoffel schälen, auf einer Reibe fein raspeln und unter die Sauce mischen.
3. Die Sauce in eine flache Auflaufform geben, Schweineschnitzel hineinlegen und die Champignons auf den Schnitzeln verteilen.
4. Die Schnitzel mit Käse bestreuen und im vorgeheizten Backofen bei 200 °C (Umluft: 175 °C) ca. 30 Minuten garen. Vor dem Servieren mit Schnittlauch garnieren.

Für 2–3 Portionen

1 Zwiebel
1 Knoblauchzehe
250 g Champignons
1–2 EL Keimöl
1 Beutel KNORR Fix für Bauern-Topf mit Hackfleisch
200 ml Schlagsahne oder RAMA Cremefine zum Kochen
1 große Kartoffel
2 Schweineschnitzel (à 150 g)
50 g geriebener Käse, z.B. Emmentaler
Schnittlauch zum Garnieren

Zubereitungszeit
ca. 50 Minuten

Pro Portion (1 von 3)
1962 kJ/469 kcal,
33 g E, 31 g F, 14 g KH

Ein Tag für… Saftige Schnitzel

Gerollte Schnitzel in Zitronen-Kräuter-Sauce

Für 3 Portionen

3 dünne Putenschnitzel (à 120 g)
Salz, Pfeffer
1 EL Kapern
3 EL Frischkäse
1 kleine rote Paprikaschote
2 EL Olivenöl
100 ml Schlagsahne oder RAMA Cremefine zum Kochen
1 Beutel KNORR Fix für Kräuter-Rahm-Schnitzel
1/2 TL abgeriebene Zitronenschale
etwas Zitronensaft

Außerdem
Holzspießchen

Zubereitungszeit
ca. 40 Minuten

Pro Portion
1985 kJ/474 kcal,
29 g E, 36 g F, 10 g KH

1. Putenschnitzel etwas flachklopfen und mit Salz und Pfeffer würzen. Kapern fein hacken, mit Frischkäse verrühren und auf die Schnitzel streichen.
2. Paprikaschote halbieren, entkernen, waschen und in feine Streifen schneiden. Paprikastreifen auf dem Frischkäse verteilen. Die Schnitzel fest aufrollen und mit Holzspießchen feststecken.
3. Öl in einer beschichteten Pfanne erhitzen. Schnitzelröllchen rundherum anbraten und bei schwacher Hitze in ca. 7 Minuten fertig braten. Herausnehmen und warm stellen.
4. 1/4 l (250 ml) kaltes Wasser und Sahne in die Pfanne gießen. Beutelinhalt Fix für Kräuter-Rahm-Schnitzel einrühren und aufkochen. Sauce mit Zitronenschale und -saft abschmecken und zu den Röllchen servieren.

Dazu passen Nudeln.

Ein Tag für... Saftige Schnitzel

Geschnetzeltes in Sellerie-Kräuter-Rahm

Für 4 Portionen

500 g Kalbsschnitzel
2 EL Keimöl
Salz, weißer Pfeffer
250 g Knollensellerie
100 ml Schlagsahne
oder RAMA Cremefine
zum Kochen
2 Beutel KNORR Fix für
Kräuter-Rahm-Schnitzel
2–3 TL Zitronensaft
Anisschnaps, z.B. Pernod,
nach Belieben
Kräuter zum Garnieren

Zubereitungszeit
ca. 25 Minuten

Pro Portion
1465 kJ / 352 kcal,
31 g E, 11 g F, 20 g KH

Tipp
Das Gericht schmeckt auch sehr gut mit Geschnetzeltem von Pute oder Schwein.

1. Schnitzelfleisch in Streifen schneiden und in einer Pfanne im heißen Öl rundherum goldbraun braten. Mit Salz und Pfeffer leicht würzen, herausnehmen und warm stellen.

2. Sellerie waschen, putzen und schälen. Zuerst in dünne Scheiben, dann die Scheiben in Streifen schneiden. 1/2 l (500 ml) Wasser und Sahne in die Pfanne gießen, Selleriestreifen zugeben und 2–3 Minuten garen.

3. Inhalt beider Beutel Fix für Kräuter-Rahm-Schnitzel in die Sellerie-Sahne-Mischung einrühren, aufkochen und 1 Minute kochen. Mit Zitronensaft und nach Belieben Anisschnaps abschmecken. Fleisch dazugeben und in der Sauce heiß werden lassen. Mit Kräutern garnieren.

Ein Tag für ... Saftige Schnitzel

Cordon bleu aus dem Ofen

1. Schweineschnitzel etwas flachklopfen. Die Käsescheiben halbieren. Jedes Schnitzel mit 1/2 Scheibe Käse und 1 Scheibe Schinken belegen. Die Schnitzel in der Mitte zusammenklappen und nebeneinander in eine Auflaufform legen.
2. 150 ml kaltes Wasser und Sahne in einen Topf geben. Beutelinhalt Fix für Lasagne al forno einrühren und unter Rühren aufkochen. Sauce über die Schnitzel gießen.
3. Die Schnitzel mit den restlichen Käsescheiben belegen und im vorgeheizten Backofen bei 200 °C (Umluft: 175 °C) ca. 30 Minuten backen.

Für 3 Portionen

3 Schweine- oder Kalbsschnitzel (à 150 g)
3 Scheiben Käse, z.B. Gouda oder Emmentaler
3 Scheiben gekochter Schinken
150 ml Schlagsahne oder RAMA Cremefine zum Kochen
1 Beutel KNORR Fix für Lasagne al forno

Zubereitungszeit

ca. 45 Minuten

Pro Portion

2901 kJ/694 kcal, 93 g E, 29 g F, 15 g KH

Ein Tag für... Saftige Schnitzel

Koteletts nach Gutsherrenart

Für 3 Portionen

2 Tomaten
3 Schweinekoteletts
(à ca. 250 g)
Salz
Pfeffer
1–2 EL Keimöl
1 kleine grüne
Paprikaschote
100 g Champignons
1 Beutel KNORR Fix für
Jäger-Schnitzel

Zubereitungszeit

ca. 60 Minuten

Pro Portion

1055 kJ/252 kcal,
34 g E, 12 g F, 2 g KH

Tipp

Statt Champignons
Steinpilze oder Pfifferlinge verwenden.

1. Tomaten in kochendes Wasser tauchen, kalt abschrecken und die Haut abziehen. Tomaten halbieren, die Kerne entfernen und das Fruchtfleisch in kleine Würfel schneiden.

2. Schweinekoteletts salzen, pfeffern und im heißen Öl von beiden Seiten braten. Herausnehmen und warm stellen.

3. Paprikaschote halbieren, entkernen, waschen und in Streifen schneiden. Champignons putzen, waschen und vierteln. Paprikastreifen und Champignonviertel in der Pfanne andünsten.

4. 1/4 l (250 ml) kaltes Wasser zum Gemüse gießen, Beutelinhalt Fix für Jäger-Schnitzel einrühren. Unter Rühren aufkochen und 1 Minute kochen.

5. Tomatenwürfel zufügen und das Gemüse mit Salz und Pfeffer abschmecken. Zu den Koteletts servieren.

Dazu passen Kroketten.

Ein Tag für ... Saftige Schnitzel

Schnitzelröllchen mit Schafskäsefüllung

Für 3 Portionen

100 g Schafskäse (Feta)
5 Stiele Petersilie
1 Frühlingszwiebel
1 Knoblauchzehe
6 dünne Schweineschnitzel
(à 90 g), Pfeffer
6 dünne Scheiben
Frühstücksspeck
1 EL Keimöl
50 ml Schlagsahne
oder RAMA Cremefine
zum Kochen
1 Beutel KNORR Fix für
Pfeffer-Rahm-Medaillons

Außerdem
Holzspießchen

Zubereitungszeit
ca. 35 Minuten

Pro Portion
2122 kJ/509 kcal,
52 g E, 31 g F, 15 g KH

1. Schafskäse fein zerbröckeln. Petersilie waschen, trockentupfen, die Blättchen abzupfen und fein hacken. Frühlingszwiebel putzen, waschen und sehr fein hacken. Knoblauch schälen und ebenfalls fein hacken. Schafskäse, Petersilie, Frühlingszwiebel und Knoblauch vermischen.

2. Die Schnitzel pfeffern, mit der Käsemischung bestreichen und fest aufrollen. Je 1 Scheibe Speck um ein Fleischröllchen wickeln und mit Holzspießchen feststecken.

3. Öl in einer Pfanne erhitzen. Die Schnitzelröllchen bei mittlerer Hitze rundherum 5 Minuten braten und herausnehmen. 200 ml kaltes Wasser und Sahne in die Pfanne gießen, Beutelinhalt Fix für Pfeffer-Rahm-Medaillons einrühren und unter Rühren aufkochen. Fleisch wieder in die Pfanne geben und kurz aufkochen.

Dazu passen Kartoffelspalten und Möhren-Broccoli-Gemüse.

Ein Tag für... Saftige Schnitzel

Ein Tag für ...
Echte Klassiker

Hier sind die Lieblingsgerichte der Nation versammelt. Große Auswahl für eine unkomplizierte Küche mit viel Tradition und Pfiff. ☺

Schweinegulasch mit Zwiebeln und Gurke

Für 3-4 Portionen

500 g Schweinegulasch
2 EL Olivenöl
2 rote Zwiebeln
1 Beutel KNORR Fix für Gulasch
50 g Gewürzgurken
70 g Gemüsemais (Dose)

Zubereitungszeit

ca. 80 Minuten

Pro Portion (1 von 4)

1345 kJ/322 kcal,
28 g E, 17 g F, 15 g KH

1. Schweinegulasch im heißen Öl rundherum anbraten. Die Zwiebeln schälen, in Spalten schneiden, zum Gulasch geben und mitbraten.

2. 1/2 l (500 ml) kaltes Wasser zufügen, Beutelinhalt Fix für Gulasch einrühren und aufkochen. Zugedeckt bei schwacher Hitze ca. 1 Stunde garen. Dabei ab und zu umrühren.

3. Gewürzgurken in Scheiben schneiden. Gemüsemais in einem Sieb abgießen und abtropfen lassen. Gurkenscheiben und Mais zum Gulasch geben und heiß werden lassen.

Ein Tag für... Echte Klassiker

Nackenbraten in Zwiebel-Pfeffer-Sauce

1. Zwiebel schälen und achteln. Schweinenacken salzen, pfeffern und mit Senf bestreichen. Das Fleisch in einem weiten Topf im heißen Öl rundherum anbraten. Zwiebel zufügen und mitbraten.

2. Weißwein zum Fleisch gießen und zur Hälfte einkochen lassen. Danach 1/2 l (500 ml) Wasser zugießen. Beutelinhalt Fix für Schmorbraten einrühren und unter Rühren aufkochen. Zugedeckt bei schwacher Hitze ca. 60 Minuten garen. Das Fleisch nach der Hälfte der Garzeit wenden.

3. Das Fleisch herausnehmen und die Sauce mit Sahne und grünem Pfeffer verfeinern.

Für 3–4 Portionen

1 Zwiebel
600 g Schweinenacken
Salz, Pfeffer
1–2 TL mittelscharfer Senf
1 EL Keimöl
50 ml Weißwein
1 Beutel KNORR Fix für Schmorbraten
50 ml Schlagsahne oder RAMA Cremefine zum Kochen
1–2 TL eingelegter grüner Pfeffer

Zubereitungszeit

ca. 75 Minuten

Pro Portion (1 von 4)

1737 kJ/416 kcal,
31 g E, 28 g F, 8 g KH

Ein Tag für… Echte Klassiker

Burgunderbraten mit Wacholder

Für 3–4 Portionen

1 Zwiebel
1 Möhre
500 g Rindfleisch
aus der Keule
Salz, Pfeffer
2 EL Keimöl
2 EL Tomatenmark
1/4 l (250 ml) Burgunderwein
oder anderer trockener
Rotwein
1 Beutel KNORR Fix für
Schmorbraten
1 kleine Knoblauchzehe
1/2 TL getrockneter Thymian
2 Wacholderbeeren

Zubereitungszeit

ca. 110 Minuten

Pro Portion (1 von 4)

1274 kJ/301 kcal,
27 g E, 12 g F, 11 g KH

1. Zwiebel und Möhre schälen und grob würfeln. Das Fleisch salzen, pfeffern und in einem Topf im heißen Öl rundherum kräftig anbraten.

2. Tomatenmark und Gemüsewürfel zum Fleisch in den Topf geben und unter Rühren ebenfalls anbraten. Rotwein und 400 ml Wasser zugießen, aufkochen und Beutelinhalt Fix für Schmorbraten einrühren.

3. Knoblauchzehe schälen und zum Fleisch pressen. Thymian und Wacholderbeeren zufügen. Den Braten zugedeckt bei schwacher Hitze ca. 90 Minuten garen.

4. Nach der Hälfte der Garzeit den Braten wenden und ca. 10 Minuten ohne Deckel weitergaren, bis schließlich die gewünschte Saucenkonsistenz erreicht ist. Danach den Deckel wieder aufsetzen.

Ein Tag für... Echte Klassiker

Schweinemedaillons mit Shiitakepilzen

Für 3 Portionen

250 g Shiitakepilze oder Champignons
1 Zwiebel
400 g Schweinefilet
2-3 EL Keimöl
1 Beutel KNORR Fix für Jäger-Schnitzel
2 EL Weißwein oder Apfelsaft

Zubereitungszeit

ca. 30 Minuten

Pro Portion

1330 kJ/318 kcal,
36 g E, 13 g F, 18 g KH

1. Die Pilze putzen, waschen, halbieren oder vierteln. Zwiebel schälen und in kleine Würfel schneiden.

2. Schweinefilet in Portionsstücke (Medaillons) schneiden und im heißen Öl von beiden Seiten 5-8 Minuten braten. Das Fleisch aus der Pfanne nehmen und warm stellen.

3. Zwiebelwürfel und Pilze im verbliebenen Bratfett dünsten. 1/4 l (250 ml) kaltes Wasser dazugießen, Beutelinhalt Fix für Jäger-Schnitzel einrühren und unter Rühren aufkochen. Die Sauce mit Weißwein oder Apfelsaft abschmecken und 1 Minute kochen lassen.

4. Schweinemedaillons auf Teller verteilen. Ausgetretenen Bratensaft in die Pilzsauce einrühren und über die Schweinemedaillons geben.

Dazu passen grüne Bandnudeln und gedünstetes Gemüse.

Tipp

Probieren Sie – je nach Saison – statt Shiitake auch Steinpilze, Maronen oder Pfifferlinge.

Würziger Rollbraten mit Apfelweinsauce

Für 4–6 Portionen

100 g gehackte Mandeln
2 Gemüsezwiebeln
800 g Schweinerollbraten
3 EL körniger Senf
2 EL Keimöl
2 TL Tomatenmark
1/2 l (500 ml) Apfelwein
1 Beutel KNORR Fix für Schweinebraten
2–3 Sternanis
Salz
Pfeffer

Außerdem
Küchengarn zum Binden

Zubereitungszeit
ca. 110 Minuten

Pro Portion (1 von 6)
1908 kJ/457 kcal,
31 g E, 28 g F, 13 g KH

1. Die Mandeln in einer beschichteten Pfanne ohne Zugabe von Fett goldgelb rösten. Herausnehmen und beiseite stellen. Zwiebeln schälen und würfeln.

2. Den Braten auseinanderrollen, mit Senf bestreichen und mit den Mandeln bestreuen. Aufrollen und mit Küchengarn oder dem Netz vom Metzger wieder zu einem Rollbraten binden. In einem Bräter im heißen Öl rundherum anbraten und herausnehmen.

3. Zwiebeln im verbliebenen Bratfett hell anbraten. Tomatenmark zufügen und unter Rühren dünsten. Mit Apfelwein ablöschen und aufkochen.

4. Beutelinhalt Fix für Schweinebraten einrühren und Sternanis dazugeben. Das Fleisch wieder in die Sauce legen und zugedeckt im vorgeheizten Backofen bei 175 °C (Umluft: 150 °C) ca. 80 Minuten garen. Sauce mit Salz und Pfeffer abschmecken.

Dazu passen gedünstete Petersilienwurzeln in kleinen Stücken und Kartoffelknödel.

Schweinerollbraten mit Oliven-Ciabatta-Füllung

Für 3–4 Portionen

120 g Ciabattabrot
4 EL Olivenöl
20 g schwarze Oliven ohne Stein
1 Bund Basilikum
1 Ei
600 g Schweinerollbraten
Salz
Zitronenpfeffer
1 Beutel KNORR Fix für Schweinebraten
1–2 EL Aceto balsamico (Balsamico-Essig)

Außerdem
Küchengarn zum Binden

Zubereitungszeit

ca. 95 Minuten

Pro Portion (1 von 4)

2249 kJ/540 kcal,
34 g E, 34 g F, 23 g KH

1. Ciabatta in kleine Würfel schneiden und in einer Pfanne in 2 EL heißem Öl goldgelb rösten. Oliven in kleine Stücke schneiden. Basilikum waschen, die Blätter abzupfen, trockentupfen, fein hacken und mit Ei und Olivenstückchen unter die Brotwürfel mischen.

2. Den Braten auseinanderrollen, mit Salz und Zitronenpfeffer würzen und mit der Brotmasse bestreichen. Braten locker aufrollen, binden und im Bräter im restlichen Olivenöl rundherum anbraten.

3. Etwas Wasser zum Fleisch gießen und bei 200 °C (Umluft: 175 °C) ca. 60 Minuten garen. Darauf achten, dass immer etwas Flüssigkeit im Bräter ist, wenn nötig Wasser nachgießen.

4. Braten herausnehmen und warm stellen. 400 ml Wasser in den Bräter gießen, Beutelinhalt Fix für Schweinebraten einrühren und bei mittlerer Hitze ca. 2–3 Minuten einkochen lassen. Mit Essig und Zitronenpfeffer abschmecken.

Ein Tag für ... Echte Klassiker

Kaninchen mit Thymiansauce

Für 2–3 Portionen

1 kg Kaninchenteile
Salz
Pfeffer
3 EL Olivenöl
1 rote Paprikaschote
10 schwarze Oliven ohne Stein
2 TL Thymian
1 Beutel KNORR Fix für Geschnetzeltes Züricher Art
50 g Crème fraîche

Zubereitungszeit

ca. 60 Minuten

Pro Portion (1 von 3)

2951 kJ/707 kcal,
68 g E, 45 g F, 7 g KH

1. Das Fleisch salzen und pfeffern. 2 EL Öl in einem Bräter erhitzen und die Kaninchenteile rundherum anbraten. 1/4 l (250 ml) Wasser zugießen und zugedeckt im vorgeheizten Backofen bei 200 °C (Umluft: 175 °C) ca. 40 Minuten schmoren. Herausnehmen und warm stellen.

2. Den Bratenfond durch ein Sieb in einen Messbecher gießen und mit Wasser auf 300 ml Flüssigkeit auffüllen.

3. Paprikaschote halbieren, entkernen, waschen und in kleine Würfel schneiden. Paprika, Oliven und Thymian im restlichen Öl andünsten. Bratenflüssigkeit zugießen. Beutelinhalt Fix für Geschnetzeltes Züricher Art einrühren und unter Rühren aufkochen. Bei schwacher Hitze ca. 2 Minuten garen.

4. Die Sauce mit Crème fraîche verfeinern, mit Salz und Pfeffer abschmecken und zum Kaninchen servieren.

Dazu passen Kartoffeln, Nudeln oder Baguette.

Ein Tag für … Echte Klassiker

Marinierte Lammfilets mit Gemüse

1. Zucchini putzen, waschen und in Scheiben schneiden. Zwiebeln schälen und in fingerdicke Spalten schneiden. Lammfilets waschen, trockentupfen, halbieren und mit dem Gemüse in eine Schüssel geben.

2. Beutelinhalt Fix für knusprige Hähnchenschenkel mit Öl verrühren. Das Gemüse zusammen mit dem Fleisch mit der Marinade mischen.

3. Gemüse und Fleisch in einer großen beschichteten Pfanne kräftig anbraten. 50 ml Wasser und Rotwein zufügen und zugedeckt bei mittlerer Hitze ca. 5 Minuten garen.

4. Zum Schluss die Kräuter unterrühren.

    Dazu schmecken Bratkartoffeln oder Baguette.

Für 3–4 Portionen

600 g Zucchini
350 g rote Zwiebeln
500 g Lammfilets
1 Beutel KNORR Fix für knusprige Hähnchenschenkel
5 EL Olivenöl
50 ml trockener Rotwein
2 EL gehackte Kräuter, z.B. Thymian und Petersilie

Zubereitungszeit

ca. 20 Minuten

Pro Portion (1 von 4)

1530 kJ/368 kcal,
40 g E, 18 g F, 8 g KH

Ein Tag für ... Echte Klassiker

Rinderbraten provenzalische Art

1. Schalotten und Möhren schälen und in 1–2 cm große Stücke schneiden. Knoblauchzehen schälen, halbieren. Champignons putzen und vierteln. Speck in Streifen schneiden.

2. Rinderbraten salzen, pfeffern und in einem weiten Topf im heißen Öl rundherum kräftig anbraten und herausnehmen. Speck in den Topf geben und knusprig braten.

3. Das Gemüse zufügen und kurz mitbraten. 1/2 l (500 ml) Wasser dazugießen, Beutelinhalt Fix für Gulasch einrühren und unter Rühren aufkochen.

4. Fleisch in die Sauce geben, mit Paprikapulver würzen und zugedeckt bei schwacher Hitze ca. 1 1/2 Stunden garen. Fleisch nach der Hälfte der Garzeit wenden. Zum Schluss die Sauce mit Thymian abschmecken.

Für 4 Portionen

100 g Schalotten
100 g Möhren
2 Knoblauchzehen
150 g Champignons
100 g durchwachsener Speck
600 g Rinderbraten,
z.B. falsches Filet
Salz
Pfeffer
2 EL Keimöl
1 Beutel KNORR Fix für Gulasch
1/2 TL Paprikapulver
1/2 TL getrockneter Thymian

Zubereitungszeit

ca. 2 Stunden

Pro Portion

1472 kJ/352 kcal,
40 g E, 18 g F, 8 g KH

Ossobucco alla siziliana

Für 2–3 Portionen

2 Rinderbeinscheiben (ca. 700 g)
2 EL Olivenöl
1 Bund Suppengrün
100 ml trockener Rotwein
1 Beutel KNORR Fix für Ofen-Makkaroni alla mamma
1 TL getrockneter Oregano
1/2 Bund Petersilie
Schale von 1/2 unbehandelten Orange

Zubereitungszeit

ca. 2 Stunden

Pro Portion (1 von 3)

1710 kJ/410 kcal,
42 g E, 19 g F, 13 g KH

1. Rinderbeinscheiben waschen, trockentupfen und in einem Bräter im heißen Öl anbraten. Suppengrün waschen, putzen und in kleine Würfel schneiden. Zum Fleisch geben und kurz mitbraten.

2. 400 ml kaltes Wasser und den Rotwein zufügen, Beutelinhalt Fix für Ofen-Makkaroni alla mamma einrühren und aufkochen. Oregano zufügen und zugedeckt bei schwacher Hitze ca. 1 1/2 Stunden schmoren. Das Fleisch ab und zu wenden.

3. Fleisch auf eine Platte legen. Die Sauce mit einem Stabmixer grob pürieren und über das Fleisch geben.

4. Petersilie waschen, die Blättchen abzupfen, trockentupfen und zusammen mit der Orangenschale fein hacken. Vor dem Servieren über Fleisch und Sauce streuen.

Ein Tag für... Echte Klassiker

Senf-Sauerbraten mit Pastinakenpüree

Für 4 Portionen

600 g Rindfleisch aus der Keule
Salz
Pfeffer
1 EL grober Senf
1 EL mittelscharfer Senf
2 EL Keimöl
200 ml Bier, z.B. Pils
70 g Rosinen
1 Beutel KNORR Fix für Sauerbraten
600 g Kartoffeln
300 g Pastinaken
4 EL Milch
1 EL Olivenöl
Muskatnuss
nach Belieben Kerbel zum Garnieren

Zubereitungszeit

ca. 100 Minuten

Pro Portion

2215 kJ / 532 kcal,
33 g E, 28 g F, 30 g KH

1. Das Fleisch mit Salz und Pfeffer würzen. Die Senfsorten verrühren, das Fleisch damit einstreichen und in einem Schmortopf bei mittlerer Hitze im heißen Keimöl rundherum anbraten.

2. 250 ml Wasser, Bier und Rosinen zum Fleisch gießen. Beutelinhalt Fix für Sauerbraten einrühren. Zugedeckt bei schwacher Hitze ca. 1 1/2 Stunden schmoren.

3. Nach ca. 60 Minuten Kartoffeln und Pastinaken schälen, waschen, in grobe Stücke schneiden und in Salzwasser ca. 20 Minuten kochen. Abgießen, abdämpfen und fein zerstampfen. Milch und Olivenöl unterrühren. Das Püree mit Salz, Pfeffer, Muskatnuss würzen und warm stellen.

4. Das Fleisch herausnehmen und in Scheiben schneiden. Kurz in der Soße ziehen lassen. Mit der Soße und dem Püree auf Tellern anrichten. Nach Belieben mit Kerbel garnieren.

Ein Tag für ... Echte Klassiker

Gefüllter Schweinebraten

Für 4 Portionen

2 EL Pinienkerne
4 Zweige Thymian
2–3 Zweige Rosmarin
2 Scheiben Toastbrot
1 Ei
Salz, Pfeffer
1 Schweinerollbraten
4 Scheiben Parmaschinken
Paprikapulver, edelsüß
3 EL Keimöl
1 Beutel KNORR Fix für Gulasch
200 g braune Champignons

Außerdem
Küchengarn zum Binden

Zubereitungszeit
ca. 2 Stunden

Pro Portion
2257 kJ/541 kcal,
49 g E, 32 g F, 14 g KH

1. Pinienkerne in einer Pfanne ohne Zugabe von Fett goldgelb rösten. Kräuter waschen, Blättchen bzw. Nadeln von den Stielen zupfen und zusammen mit dem Brot und den Pinienkernen fein hacken. Ei untermischen, mit Salz und Pfeffer würzen.

2. Das Fleisch auseinanderrollen, mit Parmaschinken belegen und die Füllung darauf verteilen. Aufrollen, mit Küchengarn binden und mit Paprika, Salz und Pfeffer einreiben.

3. Den Braten in einem Topf in 2 EL heißem Öl rundherum anbraten. 1/2 l (500 ml) Wasser zugießen. Beutelinhalt Fix für Gulasch einrühren und aufkochen. Zugedeckt bei schwacher Hitze ca. 1 1/2 Stunden schmoren, nach der Hälfte der Garzeit den Braten wenden.

4. Die Champignons putzen, vierteln und im restlichen Öl braten. Fertigen Braten in Alufolie wickeln und 5 Minuten ruhen lassen. Pilze in der Sauce erwärmen. Den Braten aufschneiden und mit der Sauce servieren.

Ein Tag für... Echte Klassiker

Putenschmorbraten mit Pflaumen-Senf-Sauce

1. Das Fleisch mit Salz und Pfeffer würzen. Öl in einem Bräter erhitzen und das Fleisch darin rundherum ca. 5 Minuten anbraten.

2. 1/2 l (500 ml) Wasser zum Fleisch gießen und aufkochen. Beutelinhalt Fix für Schmorbraten einrühren und zugedeckt ca. 30 Minuten garen. Das Fleisch wenden und weitere 30 Minuten garen.

3. Pflaumen waschen, putzen, die Steine entfernen und das Fruchtfleisch in Spalten schneiden. Pflaumenspalten für die letzten 3 Minuten zur Sauce geben und mitgaren.

4. Den Braten aus der Sauce heben und in dünne Scheiben schneiden. Senf und saure Sahne in die Sauce rühren und zum Fleisch servieren.

Dazu passen Rotkohl und Petersilienkartoffeln oder Rösti und Wirsingkohl.

Für 4 Portionen

600 g Putenbrust am Stück
Salz
Pfeffer
1 EL Keimöl
1 Beutel KNORR Fix für Schmorbraten
150 g Pflaumen
1 EL mittelscharfer Senf
50 g saure Sahne (10 % Fett)

Zubereitungszeit

ca. 100 Minuten

Pro Portion

1091 kJ/261 kcal,
37 g E, 7 g F, 10 g KH

Ein Tag für... Echte Klassiker

Ofenfrikassee mit Spargel und Erbsen

Für 3 Portionen

300 g Hähnchenbrustfilet
200 g Spargelstücke
(frisch gekocht oder
aus dem Glas)
100 g tiefgekühlte Erbsen
1 Beutel KNORR Fix für
Geschnetzeltes Züricher Art
150 ml Schlagsahne
oder RAMA Cremefine
zum Kochen
30 g geriebener Käse
Petersilien- oder Kerbel-
blättchen zum Garnieren

Zubereitungszeit

ca. 40 Minuten

Pro Portion

1434 kJ/345 kcal,
30 g E, 17 g F, 17 g KH

1. Hähnchenbrustfilet abspülen und trockentupfen. Das Fleisch in Würfel schneiden und in eine Auflaufform geben. Spargelstücke und tiefgekühlte Erbsen dazugeben.

2. Beutelinhalt Fix für Geschnetzeltes Züricher Art in 100 ml kaltes Wasser und Sahne einrühren, gut mischen und über Fleisch und Gemüse gießen.

3. Mit geriebenem Käse bestreuen und im vorgeheizten Backofen bei 200 °C (Umluft: 175 °C) ca. 25 Minuten garen. Das Frikassee mit Petersilien- oder Kerbelblättchen garnieren.

Dazu passt Reis.

Wirsingrouladen mit Brät und Kümmel

Für 4 Portionen

16 große Wirsingblätter
Salz
400 g Bratwurstbrät
2 EL Keimöl
1 Beutel KNORR Fix für Rouladen
1/2 TL gemahlener Kümmel

Außerdem
Küchengarn zum Binden

Zubereitungszeit

ca. 45 Minuten

Pro Portion

1589 kJ/380 kcal,
16 g E, 32 g F, 8 g KH

Tipp

Je 1 dünne Scheibe geräucherten Schinken auf die Wirsingblätter legen, mit Brät bestreichen und aufrollen.

1. Wirsingblätter einzeln vom Strunk schneiden, waschen, in kochendem Salzwasser ca. 5 Minuten blanchieren und anschließend kalt abschrecken. Dicke Blattrippen flachschneiden.

2. Je 4 Wirsingblätter aufeinanderlegen und 100 g Brät darauf verstreichen. Wirsingblätter zu Rouladen aufrollen und mit Küchengarn binden.

3. Die Rouladen im heißen Öl rundherum anbraten, 3/8 l (375 ml) Wasser dazugießen, Beutelinhalt Fix für Rouladen einrühren und aufkochen. Kümmel in die Sauce geben. Zugedeckt bei schwacher Hitze ca. 30 Minuten schmoren. Ab und zu wenden.

Dazu passen Salzkartoffeln.

Ein Tag für… Echte Klassiker

Rahmschwammerln mit Semmelknödeln

Besonders günstig!

1. Die Semmelknödel in einem großen Topf nach Packungsanleitung zubereiten. Petersilie waschen, trockentupfen, die Blättchen abzupfen und fein hacken.
2. Pilze putzen, große Exemplare halbieren bzw. vierteln, kleine Pilze ganz lassen. Schalotten schälen und sehr fein würfeln. Knoblauch schälen.
3. Öl in einer Pfanne erhitzen, Schalottenwürfel zufügen und andünsten. Pilze zufügen und bei mittlerer bis starker Hitze ca. 5 Minuten braten.
4. Beutelinhalt Fix für Geschnetzeltes Züricher Art mit 150 ml kaltem Wasser und Sahne verrühren, in die Pfanne gießen und aufkochen. Knoblauch dazupressen und 1 Minute kochen lassen.
5. Petersilie zu den Pilzen geben und mit den Semmelknödeln servieren.

Für 4–6 Portionen

6 Semmelknödel, z.B. von PFANNI
1 Bund Petersilie
1 kg gemischte Pilze, z.B. braune Champignons, Austernpilze, Shiitake
2 Schalotten
1 Knoblauchzehe
2 EL Keimöl
1 Beutel KNORR Fix für Geschnetzeltes Züricher Art
100 ml Schlagsahne oder RAMA Cremefine zum Kochen

Zubereitungszeit

ca. 30 Minuten

Pro Portion (1 von 6)

1110 kJ/266 kcal,
9 g E, 14 g F, 27 g KH

Ein Tag für ... Echte Klassiker

Rindergulasch mit Preiselbeeren

Für 4 Portionen

1–2 EL Keimöl
500 g mageres Rindergulasch
1 Beutel KNORR Fix für Gulasch
150 g Preiselbeeren (Glas)
1–2 EL grüner Pfeffer (Glas)
1/2 Bund Petersilie

Zubereitungszeit

ca. 100 Minuten

Pro Portion

1076 kJ/257 kcal,
26 g E, 11 g F, 10 g KH

Tipp

Wenn Preiselbeeren im Spätsommer Saison haben, lohnt es sich, frische Früchte zu verwenden. Einfach waschen und abgetropft 10 Minuten mitgaren. Die Sauce mit Zucker abschmecken.

1. Öl in einem Topf erhitzen und das Fleisch darin rundherum anbraten. 1/2 l (500 ml) Wasser zugießen und Beutelinhalt Fix für Gulasch einrühren. Aufkochen und zugedeckt bei schwacher Hitze ca. 1 1/2 Stunden schmoren, dabei ab und zu umrühren.

2. Preiselbeeren und grünen Pfeffer in die Sauce geben, unterrühren und heiß werden lassen.

3. Petersilie waschen, trockenschütteln, Blättchen abzupfen und das Gulasch damit bestreuen.

Ein Tag für... Echte Klassiker

Rinderschmorbraten mit Paprika und Zwiebeln

Für 4 Portionen

2 Zwiebeln
600 g Rinderschmorbraten
Salz
Pfeffer
2 EL Olivenöl
2 EL Tomatenmark
1 Beutel KNORR Fix für Rouladen
1 rote Paprikaschote
1/2 TL Kräuter der Provence

Zubereitungszeit

ca. 105 Minuten

Pro Portion

1276 kJ/306 kcal,
33 g E, 15 g F, 10 g KH

1. Zwiebeln schälen und in Spalten schneiden. Rinderbraten salzen, pfeffern und in einem weiten Topf im heißen Öl rundherum kräftig anbraten. Braten herausnehmen.

2. Zwiebeln in den Topf geben und kurz anbraten. Tomatenmark zufügen und unter Rühren dünsten, bis die Flüssigkeit verdampft ist.

3. 1/2 l (500 ml) Wasser dazugießen, Beutelinhalt Fix für Rouladen einrühren und unter Rühren aufkochen. Fleisch in die Sauce geben und zugedeckt bei schwacher Hitze insgesamt 1 1/2 Stunden garen. Fleisch nach der Hälfte der Garzeit wenden.

4. Paprikaschote halbieren, entkernen, waschen und in Streifen schneiden. Paprikastreifen nach 1 Stunde Garzeit zugeben. Sauce mit Kräutern der Provence abschmecken.

Ein Tag für... Echte Klassiker

Schweinefilet mit Nusskruste

1. Rohe Schweinefilets in eine flache Auflaufform legen.

2. Beutelinhalt Fix für Spaghetti alla Carbonara in 1/4 l (250 ml) kaltes Wasser einrühren und unter Rühren aufkochen. Sahneschmelzkäse und 30 g geriebenen Emmentaler unterrühren. Nüsse grob hacken und die Hälfte der Nüsse zur Sauce geben.

3. Nuss-Käse-Sauce gleichmäßig über das Fleisch verteilen. Die Filets mit den restlichen Nüssen und dem restlichen Emmentaler bestreuen und im vorgeheizten Backofen bei 200 °C (Umluft: 175 °C) ca. 30 Minuten überbacken.

4. Schnittlauch waschen, trockentupfen und in Röllchen schneiden. Das Fleisch vor dem Servieren damit bestreuen.

Dazu passen Nudeln mit Möhrengemüse.

Für 3-4 Portionen

2 Schweinefilets
(à ca. 225 g)
1 Beutel KNORR Fix für
Spaghetti alla Carbonara
100 g Sahneschmelzkäse
50 g geriebener Emmentaler
60 g Nüsse,
z.B. Walnusskerne
Schnittlauch zum Garnieren

Zubereitungszeit

ca. 45 Minuten

Pro Portion (1 von 4)

1446 kJ/346 kcal,
34 g E, 22 g F, 4 g KH

Bœuf Stroganoff mit frischen Pilzen

Für 2 Portionen

1 Knoblauchzehe
250 g Rinderfilet
2 EL Keimöl
100 g Champignons
1 Beutel KNORR Fix für Jäger-Schnitzel
1 TL Tomatenmark
1 Gewürzgurke
1 TL mittelscharfer Senf
2 EL Crème fraîche
eingelegte Rote Bete (Glas) und Dill zum Garnieren

Zubereitungszeit

ca. 30 Minuten

Pro Portion

1788 kJ/429 kcal,
31 g E, 28 g F, 13 g KH

1. Knoblauchzehe schälen und durchpressen. Das Fleisch in Streifen schneiden, mit Knoblauch zusammen im heißen Öl anbraten und herausnehmen. Champignons putzen, waschen, in Scheiben schneiden und im Bratfett kurz andünsten.
2. Bratensatz mit 1/4 l (250 ml) Wasser ablöschen und Beutelinhalt Fix für Jäger-Schnitzel und Tomatenmark einrühren. Unter Rühren aufkochen und 1 Minute kochen lassen.
3. Gewürzgurke in feine Streifen schneiden, mit dem Fleisch in die Sauce geben und kurz kochen. Mit Senf abschmecken.
4. Mit einem Klecks Crème fraîche, Roter Bete und 1 Dillfähnchen anrichten.

Ein Tag für… Echte Klassiker

Ein Tag für...
Knuspriges aus dem

Ofen

Tolle Ideen für mehr Abwechslung bei Gratins und Aufläufen. Der wunderbare Duft und die knusprige Kruste locken alle an den Tisch.

Mediterrane Nudeltörtchen

Für 12 Stück

180 g dünne Spaghetti
Salz
200 g Mascarpone
3 Eier
1 Beutel KNORR Fix für Ofen-Makkaroni alla mamma
40 g geriebener Parmesan
50 g geräucherter Schinken
150 g Zucchini
2 Tomaten
3 EL gemischte gehackte Kräuter, z.B. Thymian und Salbei
Salbei zum Garnieren

Außerdem

1 Muffinblech (12 Mulden)
Olivenöl zum Fetten
Papierförmchen

Zubereitungszeit

ca. 40 Minuten

Pro Stück

790 kJ/188 kcal,
7 g E, 11 g F, 14 g KH

1. Nudeln in reichlich kochendem Salzwasser nach Packungsanleitung bissfest garen. Mascarpone mit Eiern, Beutelinhalt Fix für Ofen-Makkaroni alla mamma und Parmesan verrühren. Schinken in kleine Würfel schneiden. Zucchini und Tomaten waschen, putzen und ebenfalls fein würfeln.

2. Nudeln in einem Sieb abgießen, abtropfen lassen und mit den Schinken-, Zucchini- und Tomatenwürfeln mischen. Kräuter unter die Mascarponemasse ziehen und alles mit den Nudeln vermischen.

3. Muffinblech mit Öl ausstreichen. Nudeln mit einer Fleischgabel aufrollen und in jede Mulde ein Nudelnest setzen. Restliche Sauce darübergeben.

4. Die Törtchen im vorgeheizten Backofen bei 200 °C (Umluft: ca. 175 °C) 25–30 Minuten backen. Herausnehmen, leicht abkühlen lassen und aus den Mulden lösen. Nach Belieben in Papierförmchen setzen und mit Salbei garnieren.

Broccoli-Quiche mit Schinken

1. Zutaten für den Teig gut verkneten. Den Teig ausrollen und eine gefettete Quicheform (28 cm ⌀) damit auskleiden. 30 Minuten kalt stellen.
2. Broccoli putzen, waschen und in Röschen teilen. Stiele schälen und fein würfeln. Broccoli in reichlich kochendem Salzwasser ca. 2 Minuten blanchieren und gut abtropfen lassen.
3. Schinken in kleine Würfel schneiden. Sahne mit den Eiern verquirlen und Beutelinhalt Fix für Nudel-Schinken-Gratin einrühren. Broccoli- und Schinkenwürfel auf dem gekühlten Teigboden verteilen.
4. Die Eiersahne darübergießen und die Quiche im vorgeheizten Backofen bei 200 °C (Umluft: 175 °C) ca. 50 Minuten backen. Zum Ende der Garzeit eventuell mit Alufolie bedecken.

Für 6 Portionen

Für den Teig
250 g Mehl
125 g Butter
2 EL Wasser
1 Prise Salz
1 Eigelb

Für den Belag
500 g Broccoli
Salz
200 g gekochter Schinken
200 ml Schlagsahne
oder RAMA Cremefine
zum Kochen
3 Eier
1 Beutel KNORR Fix für
Nudel-Schinken-Gratin

Außerdem
Quicheform (28 cm ⌀)
Fett für die Form

Zubereitungszeit

ca. 1,5 Stunden

Pro Portion

2150 kJ/514 kcal,
16 g E, 34 g F, 35 g KH

Ein Tag für ... Knuspriges aus dem Ofen

Seebarsch-Nudel-Auflauf mit Mozzarella

1. Fisch waschen und trockentupfen. Tiefgekühlte Filets zuvor auftauen lassen. Mit Zitronensaft, Salz und Pfeffer würzen und in Stücke schneiden.

2. Broccoli putzen, waschen und in kleine Röschen teilen. Ungekochte Nudeln, Kapern und Broccoliröschen in eine flache Auflaufform geben. Fischstücke darauf verteilen.

3. 1/2 l (500 ml) kaltes Wasser in einen Topf geben, Beutelinhalt Fix für Nudel-Schinken-Gratin einrühren, unter Rühren aufkochen und bei schwacher Hitze 1 Minute kochen lassen. Sauce gleichmäßig über den Auflauf gießen.

4. Den Auflauf im vorgeheizten Backofen bei 200 °C (Umluft: 175 °C) ca. 30 Minuten backen. Nach 20 Minuten Mozzarella in dünne Scheiben schneiden und darüber verteilen.

Für 3 Portionen

300 g Viktoriaseebarschfilet
(frisch oder tiefgekühlt)
1 EL Zitronensaft
Salz, Pfeffer
150 g Broccoli
125 g Bandnudeln
1–2 EL Kapern
1 Beutel KNORR Fix für
Nudel-Schinken-Gratin
1 Kugel Mozzarella

Zubereitungszeit

ca. 45 Minuten

Pro Portion

1437 kJ / 344 kcal,
29 g E, 9 g F, 34 g KH

Ein Tag für ... Knuspriges aus dem Ofen

Waldpilz-Gratin mit Kartoffeln

Für 4 Portionen

750 g gemischte Pilze, z.B. Steinpilze, Pfifferlinge, Maronen, Champignons
2 EL Keimöl
1 TL gehackter Thymian
1 TL gehackter Rosmarin
Salz
Pfeffer
750 g mehlig kochende Kartoffeln
150 g Crème fraîche
1 Beutel KNORR Fix für Geschnetzeltes Züricher Art
50 g geriebener Käse, z.B. Emmentaler

Zubereitungszeit

ca. 85 Minuten

Pro Portion

1484 kJ/356 kcal,
13 g E, 19 g F, 32 g KH

1. Pilze putzen und in grobe Streifen schneiden. Öl in einer großen Pfanne erhitzen. Pilze, Thymian und Rosmarin zufügen und bei mittlerer Hitze ca. 15 Minuten schmoren, bis die Flüssigkeit verdampft ist. Mit Salz und Pfeffer abschmecken.

2. Kartoffeln schälen, waschen und auf einem Gurkenhobel in dünne Scheiben hobeln. Die Hälfte der Kartoffelscheiben in einer Auflaufform (ca. 20 × 30 cm) verteilen. Die Pilze auf die Kartoffeln geben und mit den restlichen Kartoffeln bedecken.

3. Crème fraîche mit 300 ml Wasser verquirlen, Beutelinhalt für Fix für Geschnetzeltes Züricher Art einrühren. Über die Kartoffeln gießen und mit Käse bestreuen. Im vorgeheizten Backofen bei 200 °C (Umluft: 175 °C) ca. 50 Minuten backen.

Dazu passt grüner Salat.

Ein Tag für ... Knuspriges aus dem Ofen

Gratinierte Schweinemedaillons mit Spinat

Für 3 Portionen

225 g tiefgekühlter Blattspinat
6 Schweinemedaillons (à 60 g)
6 dünne Scheiben Schinkenspeck
80 g Cocktailtomaten
1 Beutel KNORR Fix für Geschnetzeltes Züricher Art
100 ml Schlagsahne oder RAMA Cremefine zum Kochen

Zubereitungszeit

ca. 45 Minuten

Pro Portion

1602 kJ/384 kcal,
40 g E, 19 g F, 12 g KH

Tipp

Vor dem Backen mit geriebenem Käse bestreuen.

1. Blattspinat in der Mikrowelle oder in einem kleinen Topf auftauen. Schweinemedaillons mit je 1 Scheibe Schinkenspeck umwickeln und in eine Auflaufform setzen.

2. Blattspinat leicht ausdrücken und zwischen den Medaillons verteilen. Cocktailtomaten waschen, halbieren und zufügen.

3. Beutelinhalt Fix für Geschnetzeltes Züricher Art in 150 ml kaltes Wasser und Sahne einrühren, unter Rühren aufkochen und gleichmäßig über die Medaillons gießen.

4. Fleisch und Gemüse im vorgeheizten Backofen bei 200 °C (Umluft: 175 °C) ca. 30 Minuten backen.

Dazu passen Kroketten.

Ein Tag für ... Knuspriges aus dem Ofen

Knödelauflauf mit Hackfleischsauce

Für 3 Portionen

300 g gemischtes Hackfleisch
1 EL Keimöl
1 Beutel KNORR Fix für Ofen-Makkaroni alla mamma
1 Packung PFANNI Mini-Kartoffel-Knödel
100 g Crème fraîche
50 g geriebener Käse, z.B. Emmentaler

Zubereitungszeit

ca. 40 Minuten

Pro Portion

3189 kJ/759 kcal,
32 g E, 45 g F, 55 g KH

1. Hackfleisch in einer Pfanne im heißen Öl krümelig braten. 1/2 l (500 ml) Wasser zugießen, Beutelinhalt Fix für Ofen-Makkaroni alla mamma einrühren und unter Rühren aufkochen.

2. Knödel direkt aus dem Beutel in eine Auflaufform geben und die Hackfleischsauce darübergießen. Crème fraîche darüber verteilen und mit Käse bestreuen.

3. Den Auflauf im vorgeheizten Backofen bei 200 °C (Umluft: ca. 175 °C) ca. 30 Minuten backen.

Hackfleisch-Broccoli-Auflauf mit Curry

Für 3 Portionen

300 g tiefgekühlter Broccoli
125 g Hörnchennudeln
250 g gemischtes Hackfleisch
1–2 EL Keimöl
Salz, Pfeffer
100 ml Schlagsahne oder RAMA Cremefine zum Kochen
1 Beutel KNORR Fix für Nudel-Schinken-Gratin
1–2 TL Currypulver

Zubereitungszeit

ca. 55 Minuten

Pro Portion

2405 kJ/575 kcal,
28 g E, 34 g F, 40 g KH

1. Broccoli auftauen, anschließend in kleine Röschen schneiden. Ungekochte Hörnchennudeln in eine Auflaufform geben und die Broccoliröschen darüber verteilen.

2. Hackfleisch in einem Topf im heißen Keimöl krümelig braten. Mit Salz und Pfeffer würzen.

3. 400 ml Wasser und Sahne dazugießen. Beutelinhalt Fix für Nudel-Schinken-Gratin einrühren und aufkochen. Curry unterrühren.

4. Sauce über Nudeln und Broccoli gießen. Den Auflauf im vorgeheizten Backofen bei 200 °C (Umluft: 175 °C) ca. 30 Minuten backen.

Ein Tag für ... Knuspriges aus dem Ofen

Zucchini-Feta-Gratin mit Tomatenstückchen

1. Zucchini waschen und in dünne Scheiben schneiden. Schafskäse ebenfalls in dünne Scheiben schneiden.

2. Beutelinhalt Fix für Tomaten Bolognese und 50 ml kaltes Wasser verrühren. Tomatenstücke unterrühren und in eine flache Auflaufform geben. Zucchini- und Schafskäsescheiben abwechselnd dachziegelartig einschichten und mit Olivenöl beträufeln.

3. Im vorgeheizten Backofen bei 200 °C (Umluft: 175 °C) ca. 20 Minuten backen.

Dazu passen Nudeln oder Kartoffeln.

Für 2–3 Portionen

1 Zucchini (200 g)
200 g Schafskäse (Feta)
1 Beutel KNORR Fix für Tomaten Bolognese
1 Dose Tomatenstücke (400 g)
1–2 EL Olivenöl

Zubereitungszeit

ca. 30 Minuten

Pro Portion (1 von 3)

1092 kJ/260 kcal,
15 g E, 17 g F, 12 g KH

Pizzarolle mit Hackfüllung

1. Möhren putzen, schälen und in kleine Würfel schneiden. Hackfleisch und Möhrenwürfel in 2 EL heißem Öl anbraten.

2. 1/4 l (250 ml) kaltes Wasser zugießen und Beutelinhalt Fix für Tomaten Bolognese einrühren. Zugedeckt bei schwacher Hitze ca. 3 Minuten kochen. In eine Schüssel füllen und abkühlen lassen. Dann Schafskäse zerkrümeln und mit dem Basilikum unter die Fleischsauce mischen.

3. Pizza-Teig mit 1/4 l (250 ml) lauwarmem Wasser und restlichem Öl zu einem glatten Teig verkneten. Den Teig zu einem Rechteck (20 x 60 cm) ausrollen und die erkaltete Fleischsauce darauf verteilen. Von der kurzen Seite her aufrollen. Den Teigstrang in 15 Stücke (Schnecken) schneiden.

4. Teigschnecken eng nebeneinander in eine Auflaufform setzen. Oberfläche mit etwas Milch bestreichen. Im vorgeheizten Backofen bei 175 °C (Umluft: 150 °C) 45–50 Minuten backen.

Dazu passt gemischter Blattsalat.

Für 3–4 Portionen

100 g Möhren
250 g Hackfleisch
3 EL Keimöl
1 Beutel KNORR Fix für Tomaten Bolognese
100 g Schafskäse (Feta)
3 EL gehacktes Basilikum
1 Packung MONDAMIN Pizza-Teig
2 EL Milch

Zubereitungszeit

ca. 75 Minuten

Pro Portion (1 von 4)

3418 kJ/819 kcal,
27 g E, 41 g F, 83 g KH

Ein Tag für ... Knuspriges aus dem Ofen

Schinkenfleckerln mit Tomatensauce

Für 4 Portionen

250 g Bandnudeln
Salz
1 Zwiebel
200 g gekochter oder roher Schinken
2 EL Keimöl
1 Bund Schnittlauch
2 Eier
125 g saure Sahne
Pfeffer
1–2 EL Semmelbrösel (Paniermehl)
1 Beutel KNORR Fix für Spaghetti Napoli
1 EL Olivenöl

1. Nudeln in kleinere Stücke (Fleckerln) brechen, nach Packungsanleitung in kochendem Salzwasser bissfest garen, in einem Sieb abgießen und abtropfen lassen. Zwiebel schälen und würfeln, Schinken ebenfalls würfeln.
2. Zwiebel- und Schinkenwürfel in einer Pfanne im heißen Öl anbraten. Schnittlauch waschen und in Röllchen schneiden.
3. Eier mit der sauren Sahne verrühren. Zwiebel, Schinken, Nudeln und Schnittlauch untermischen. Mit Pfeffer und Salz abschmecken.
4. Masse in eine gefettete und mit Semmelbröseln ausgestreute Auflaufform geben und im vorgeheizten Backofen bei 175 °C (Umluft: 150 °C) ca. 25 Minuten goldgelb backen.
5. Beutelinhalt Fix für Spaghetti Napoli in 1/4 l (250 ml) kaltes Wasser einrühren. Öl dazugeben, aufkochen und 1 Minute kochen lassen. Tomatensauce zu den Schinkenfleckerln servieren.

Zubereitungszeit

ca. 40 Minuten

Pro Portion

1973 kJ/472 kcal,
23 g E, 17 g F, 55 g KH

Ein Tag für … Knuspriges aus dem Ofen

Gebackener Ricotta mit Champignons

Für 2–3 Portionen

200 g Champignons
1 EL Keimöl
80 g in Öl eingelegte Tomaten
1 Ei
500 g Ricotta oder Schichtkäse
1 Beutel KNORR Fix für Nudel-Schinken-Gratin
Cayennepfeffer

Zubereitungszeit

ca. 50 Minuten

Pro Portion (1 von 3)

1716 kJ/410 kcal,
23 g E, 31 g F, 9 g KH

1. Champignons waschen, putzen, in Scheiben schneiden und im heißen Öl anbraten. Eingelegte Tomaten gut abtropfen lassen und in feine Streifen schneiden.

2. Ei, Ricotta, Pilze, Tomatenstreifen und Beutelinhalt Fix für Nudel-Schinken-Gratin verrühren und mit Cayennepfeffer pikant abschmecken.

3. Die Masse in eine flache Auflaufform füllen und im vorgeheizten Backofen bei 175 °C (Umluft: 150 °C) ca. 35 Minuten backen.

Ricotta auf gerösteten Weißbrotscheiben servieren.

Ein Tag für... Knuspriges aus dem Ofen

Leberkäseröllchen mit Frühlingszwiebeln

Für 2–3 Portionen

1 Bund Frühlingszwiebeln
14 Scheiben
Leberkäseaufschnitt
(ca. 350 g)
7 TL mittelscharfer Senf
1 Beutel KNORR Fix für
knusprige Hähnchenschenkel
1 Packung (500 g) KNORR
Tomato al Gusto
»Passierte Tomaten«
50 ml Schlagsahne
oder RAMA Cremefine
zum Kochen
50 g geriebener Käse,
z.B. Emmentaler

Zubereitungszeit

ca. 45 Minuten

Pro Portion (1 von 3)

1931 kJ/461 kcal,
28 g E, 35 g F, 11 g KH

1. Frühlingszwiebeln putzen, waschen und in feine Ringe schneiden. Leberkäse auf einer Arbeitsfläche ausbreiten. Dabei immer 2 Scheiben gut überlappend nebeneinanderlegen.

2. Den Leberkäse dick mit Senf bestreichen und die Frühlingszwiebeln darauf verteilen. Die 7 Scheibenpaare aufrollen und die Röllchen nebeneinander in eine Auflaufform legen.

3. Beutelinhalt Fix für knusprige Hähnchenschenkel mit Tomato al Gusto und Sahne verrühren und über die gefüllten Fleischröllchen gießen.

4. Die Röllchen mit Käse bestreuen und im vorgeheizten Backofen bei 200 °C (Umluft: 175 °C) ca. 25 Minuten backen.

Mit Risi-Bisi (Reis mit Erbsen) servieren.

Ein Tag für... Knuspriges aus dem Ofen

Spitzkohl-Hackfleisch-Kuchen vom Blech

Für 8 Portionen

2 Beutel KNORR Fix
für Hackbraten
1 kg gemischtes Hackfleisch
3 EL Keimöl
1 EL Semmelbrösel
(Paniermehl)
1 kg Spitzkohl
2 große Möhren
2 Zwiebeln
1 Bund Petersilie
125 g Crème fraîche
Salz
1–2 TL gemahlener
Kreuzkümmel
2 Msp. gemahlener
Koriander
Pfeffer
2 TL KNORR Gemüse-
Bouillon
150 g geriebener Käse,
z.B. Gouda

Zubereitungszeit

ca. 60 Minuten

Pro Portion

2039 kJ/487 kcal,
32 g E, 33 g F, 15 g KH

1. Inhalt beider Beutel Fix für Hackbraten in 1/4 l (250 ml) lauwarmes Wasser einrühren, Fleisch zugeben und gut mischen. Ein tiefes Backblech mit 1 EL Öl fetten und mit Semmelbröseln bestreuen. Hackfleischteig daraufgeben und glatt verstreichen. Das Fleisch auf der mittleren Schiene des vorgeheizten Backofens bei 175 °C (Umluft: 150 °C) ca. 25 Minuten vorbacken.

2. Inzwischen Spitzkohl putzen, waschen und in Streifen schneiden. Möhren schälen und in ca. 2 cm große Stifte schneiden. Zwiebeln schälen und würfeln. Petersilie waschen und die Blättchen grob hacken.

3. Restliches Öl in einem Topf erhitzen, Spitzkohl, Möhren und Zwiebeln darin andünsten. Crème fraîche mit Petersilie, Gewürzen und Gemüse-Bouillon verrühren, untermischen und alles bei schwacher Hitze ca. 5 Minuten garen.

4. Spitzkohl auf dem Fleischteig verteilen, mit Käse bestreuen und ca. 25 Minuten bei 200 °C (Umluft: 175 °C) weiterbacken. Zum Servieren in Stücke schneiden.

Ein Tag für… Knuspriges aus dem Ofen

Überbackene Würzbissen mit Mozzarella

Für 16 Stück

1/2 gelbe Paprikaschote
1 Beutel KNORR Fix für Hackbraten
300 g gemischtes Hackfleisch
2 EL gehacktes Basilikum
16 Scheiben Ciabattabrot
250 g Mozzarella
Petersilie zum Garnieren

Zubereitungszeit

ca. 20 Minuten

Pro Stück

540 kJ/129 kcal,
8 g E, 7 g F, 9 g KH

1. Paprikahälfte entkernen, waschen und in feine Würfel schneiden.
2. Beutelinhalt Fix für Hackbraten in eine Schüssel geben und mit 1/8 l (125 ml) lauwarmem Wasser verrühren. Paprikawürfel, Hackfleisch und Basilikum zugeben und gut mischen.
3. Die Brotscheiben auf ein Backblech legen und im vorgeheizten Backofen bei 225 °C (Umluft: 200 °C) von beiden Seiten goldgelb rösten.
4. Hackfleischteig auf den gerösteten Brotscheiben verteilen. Mozzarella in 16 Scheiben schneiden und jedes Brot mit 1 Scheibe Käse belegen.
5. Die Brote noch einmal in den Backofen schieben und 10–15 Minuten überbacken. Mit Petersilienblättchen garnieren und servieren.

Ein Tag für... Knuspriges aus dem Ofen

Nudel-Spargel-Auflauf mit Schinken

Für 4 Portionen

300 g Farfalle-Nudeln
Salz
je 250 g grüner und weißer Spargel
1 EL Pflanzencreme, z.B. RAMA Culinesse
1 EL Zucker
1 EL Zitronensaft
150 g gekochter Schinken
1 Beutel KNORR Fix Nudel-Schinken-Gratin
100 ml Schlagsahne oder RAMA Cremefine zum Kochen
50 g geriebener Käse, z.B. Appenzeller

Zubereitungszeit

ca. 45 Minuten

Pro Portion

2263 kJ / 542 kcal,
26 g E, 22 g F, 60 g KH

1. Nudeln in reichlich Salzwasser nach Packungsanleitung garen, in einem Sieb abgießen und abtropfen lassen. Grünen Spargel waschen, weißen Spargel schälen. Beide Sorten in ca. 2 cm lange Stücke schneiden.

2. In einem weiten Topf etwas Wasser mit Pflanzencreme, Salz, Zucker und Zitronensaft zum Kochen bringen. Die weißen Spargelstücke in den Sud geben und ca. 10 Minuten garen, nach 5 Minuten den grünen Spargel dazugeben. Spargelstücke abgießen, dabei das Spargelwasser auffangen.

3. Schinken fein würfeln. Nudeln und Schinkenwürfel mischen und in eine Auflaufform (ca. 20 x 30 cm) geben. Spargelstücke darüber verteilen.

4. Beutelinhalt Fix für Nudel-Schinken-Gratin in Sahne und 1/8 l (125 ml) Spargelwasser einrühren und gleichmäßig über den Auflauf gießen. Mit Käse bestreuen und im vorgeheizten Backofen bei 225°C (Umluft: 200°C) ca. 20 Minuten überbacken.

Ein Tag für... Knuspriges aus dem Ofen

Lachs-Kartoffel-Gratin mit Olivenkruste

1. Toastbrotscheiben im Blitzhacker zerkleinern oder mit den Händen zerbröseln. Zwiebel schälen und zusammen mit den Oliven sehr fein hacken. Mit Toastbrotkrümeln mischen.

2. Kartoffeln schälen, waschen und auf einem Gurkenhobel in dünne Scheiben hobeln. Beutelinhalt Fix für Broccoli-Gratin in 350 ml kaltes Wasser einrühren und aufkochen. Kartoffelscheiben zugeben und bei schwacher Hitze 3 Minuten kochen. Alles in eine flache Auflaufform geben.

3. Lachsfilet in Streifen schneiden, tiefgekühlten Fisch vorher antauen lassen. Fisch mit Zitronensaft beträufeln, mit Salz und Pfeffer würzen und auf die Kartoffeln legen.

4. Toast-Oliven-Krümel auf dem Fisch verteilen und im vorgeheizten Backofen auf der 2. Einschubleiste von unten bei 200 °C (Umluft: 175 °C) 30–40 Minuten backen. Eventuell gegen Ende der Garzeit mit Alufolie locker abdecken.

Dazu passt grüner Salat.

Für 3 Portionen

2 Scheiben Vollkorntoast
1 kleine Zwiebel
50 g grüne Oliven ohne Stein
600 g Kartoffeln
1 Beutel KNORR Fix für Broccoli-Gratin
400 g Lachsfilet (frisch oder tiefgekühlt)
1 EL Zitronensaft
Salz
Pfeffer

Zubereitungszeit

ca. 70 Minuten

Pro Portion

1820 kJ/435 kcal,
32 g E, 18 g F, 35 g KH

Ein Tag für... Knuspriges aus dem Ofen

Saftige Lasagne mit Tomaten

Für 2–3 Portionen

3 Tomaten
250 g gemischtes Hackfleisch
1–2 EL Keimöl
1 Beutel KNORR Fix für Lasagne al forno
6 Lasagneplatten ohne Vorkochen
100 g Crème fraîche
50 g geriebener Käse, z.B. Emmentaler

Zubereitungszeit

ca. 50 Minuten

Pro Portion (1 von 3)

2625 kJ/627 kcal,
31 g E, 35 g F, 46 g KH

Tipp

Anstelle von Tomaten können Sie auch 1 Packung KNORR Tomato al Gusto »Kräuter« unterrühren.

1. Die Tomaten waschen und in Würfel schneiden. Hackfleisch in einer Pfanne im heißen Öl krümelig braten.

2. 1/4 l (250 ml) kaltes Wasser dazugießen, Beutelinhalt Fix für Lasagne al forno einrühren, unter Rühren aufkochen und 1 Minute kochen lassen. Tomatenwürfel unterrühren.

3. In eine flache Auflaufform abwechselnd Hackfleischsauce und Lasagneplatten schichten, mit Hackfleisch abschließen. Crème fraîche darauf verteilen. Mit Käse bestreuen.

4. Lasagne im vorgeheizten Backofen bei 200 °C (Umluft: 175 °C) ca. 30 Minuten goldbraun überbacken.

Hähnchenbrust unter der Haube

Für 3 Portionen

400 g Hähnchenbrustfilet
2 EL Olivenöl
2 rote Zwiebeln
1 Knoblauchzehe
1 Beutel KNORR Fix für Makkaroni al forno
300 g weiße Bohnen (Dose)
1 Innenbeutel MONDAMIN Pizza-Teig
1 Eigelb

Zubereitungszeit

ca. 40 Minuten

Pro Portion

2466 kJ/591 kcal,
36 g E, 22 g F, 61 g KH

1. Hähnchenbrustfilet würfeln und im heißen Öl anbraten. Die Zwiebeln schälen, in Spalten schneiden, zufügen und mitbraten. Knoblauchzehe schälen und dazupressen.

2. 400 ml kaltes Wasser zum Fleisch gießen, Beutelinhalt Fix für Makkaroni al forno einrühren und aufkochen. Bohnen in einem Sieb abgießen, zufügen und ca. 2 Minuten mitgaren. Alles auf 3 ofenfeste Schalen verteilen.

3. Beutelinhalt Pizza-Teig mit 1/8 l (125 ml) lauwarmem Wasser verkneten. Den Teig ca. 1/2 cm dick ausrollen und drei große Teigkreise ausstechen.

4. Die Ränder der Schalen mit Eigelb bestreichen und die Teigkreise als Deckel darauflegen. Den Teig andrücken und mit restlichem Eigelb bestreichen. Im vorgeheizten Backofen bei 200 °C (Umluft: 175 °C) ca. 25 Minuten backen.

Ein Tag für ... Knuspriges aus dem Ofen

Besonders günstig!

Nudel-Gratin mit Kasseler und Erbsen

1. Nudeln nach Packungsanleitung in reichlich Salzwasser bissfest garen, in einem Sieb abgießen und abtropfen lassen. Kasseleraufschnitt in Würfel schneiden. Erbsen auftauen lassen.

2. Keimöl in einem weiten Topf erhitzen und die Fleischwürfel darin anbraten. 400 ml kaltes Wasser und Sahne zugeben. Beutelinhalt Fix für Nudel-Schinken-Gratin einrühren und unter Rühren aufkochen. Erbsen zugeben.

3. Nudeln in einer Auflaufform verteilen, die Sauce mit den Fleischwürfeln darübergeben und mit Käse bestreuen. Im vorgeheizten Backofen bei 200 °C (Umluft: 175 °C) ca. 30 Minuten backen.

Für 2–3 Portionen

125 g Nudeln, z.B. Spirelli
Salz
100 g Kasseleraufschnitt
100 g tiefgekühlte Erbsen
2 EL Keimöl
100 ml Schlagsahne
oder RAMA Cremefine
zum Kochen
1 Beutel KNORR Fix für
Nudel-Schinken-Gratin
50 g geriebener Käse,
z.B. Emmentaler

Zubereitungszeit

30 Minuten

Pro Portion (1 von 3)

1746 kJ/416 kcal,
20 g E, 19 g F, 39 g KH

Ein Tag für … Knuspriges aus dem Ofen

Blumenkohl-Gratin mit Schinken

Für 2–3 Portionen

750 g Blumenkohl
Salz
100 g Möhren
1 Scheibe (ca. 100 g) gekochter Schinken
1 Beutel KNORR Fix Nudel-Schinken-Gratin
450 ml Milch
100 g tiefgekühlte Erbsen
50 g Gratin-Käse

Zubereitungszeit

ca. 50 Minuten

Pro Portion (1 von 3)

1424 kJ / 340 kcal,
24 g E, 16 g F, 25 g KH

1. Blumenkohl in Röschen teilen, waschen und in kochendem Salzwasser ca. 3 Minuten garen. Röschen herausnehmen, abtropfen lassen und in eine Auflaufform legen.

2. Die Möhren putzen, schälen und in dünne Scheiben schneiden. Gekochten Schinken würfeln.

3. Beutelinhalt Fix für Nudel-Schinken-Gratin in Milch einrühren und unter Rühren aufkochen. Möhrenscheiben, Schinkenwürfel und die tiefgekühlten Erbsen zugeben und bei schwacher Hitze ca. 1 Minute kochen.

4. Die Sauce gleichmäßig über die Blumenkohlröschen verteilen und mit Käse bestreuen. Im vorgeheizten Backofen bei 200 °C (Umluft: 175 °C) ca. 30 Minuten backen.

Ein Tag für... Frisches Gemüse

Freuen Sie sich auf die verlockende Vielfalt der Gemüsewelt. Kreative Rezepte verleihen Ihrer Küche einen neuen Kick.

Gnocchi mit Pilzragout und Rucola

Für 3 Portionen

500 g gemischte Pilze, z.B. Champignons, Kräuterseitlinge, Austernpilze
50 g Rucola
2 EL Olivenöl
1 Beutel KNORR Fix für Makkaroni al forno
1 Packung (500 g) Gnocchi
Salz
30 g Parmesan am Stück

Zubereitungszeit

ca. 20 Minuten

Pro Portion

1853 kJ/442 kcal,
16 g E, 12 g F, 65 g KH

1. Die Pilze putzen, Champignons eventuell halbieren, Kräuterseitlinge und Austernpilze in Streifen schneiden. Rucola putzen, waschen, trockenschleudern und in mundgerechte Stücke schneiden.

2. Öl in einer Pfanne erhitzen. Pilze zugeben und braten, bis die entstandene Flüssigkeit vollständig verdampft ist.

3. Pilze an die Seite schieben, 300 ml kaltes Wasser zugießen und Beutelinhalt Fix für Makkaroni al forno einrühren. Unter Rühren aufkochen und bei schwacher Hitze 1 Minute kochen lassen.

4. Zeitgleich die Gnocchi in reichlich kochendem Salzwasser nach Packungsanleitung garen, in einem Sieb abgießen und abtropfen lassen.

5. Gnocchi mit dem Pilzragout servieren. Parmesan reiben oder hobeln und zusammen mit den Rucolablättern darübergeben.

Ein Tag für ... Frisches Gemüse

Bohnen Bolognese mit Rosmarin-Feta

1. Paprikaschoten halbieren, entkernen, waschen und in mundgerechte Stücke schneiden. Zwiebel schälen, halbieren und in Streifen schneiden. Die Bohnen in einem Sieb abgießen, gut abspülen und abtropfen lassen.

2. Öl in einem Topf erhitzen, Paprikaschoten und Zwiebel darin glasig dünsten. Bohnen zugeben, 1/4 l (250 ml) kaltes Wasser zugießen und Beutelinhalt Fix für Spaghetti Bolognese einrühren. Aufkochen lassen und in eine flache Auflaufform füllen.

3. Rosmarin waschen, trockenschütteln, die Nadeln abzupfen und fein hacken. Schafskäse zerbröckeln, mit Rosmarin mischen und auf dem Auflauf verteilen. Im vorgeheizten Backofen bei 200°C (Umluft: 175°C) ca. 20 Minuten backen.

Dazu passen Nudeln oder Kartoffeln.

Für 2 Portionen

2 gelbe Paprikaschoten
1 Gemüsezwiebel
1 Dose Kidneybohnen (Abtropfgewicht 265 g)
1 EL Olivenöl
1 Beutel KNORR Fix für Spaghetti Bolognese
2–3 Zweige Rosmarin
80 g Schafskäse (Feta)

Zubereitungszeit

ca. 35 Minuten

Pro Portion

1331 kJ/319 kcal,
20 g E, 11 g F, 32 g KH

Ein Tag für... Frisches Gemüse

Zucchini alla ratatouille

1. Zucchini waschen, längs halbieren und die Kerne mit einem Teelöffel großzügig herauskratzen. Aubergine waschen und fein würfeln. Paprikaschote halbieren, entkernen, waschen und ebenfalls würfeln. Knoblauchzehe schälen und fein hacken.

2. Zucchinihälften im heißen Öl von allen Seiten anbraten, herausnehmen und in eine flache Auflaufform setzen. Klein geschnittenes Gemüse, Knoblauch und Kräuter im verbliebenen Bratfett anbraten.

3. 200 ml Wasser zum Gemüse gießen, Beutelinhalt Fix für Spaghetti Bolognese einrühren und unter Rühren aufkochen. Gemüse in die Zucchinihälften füllen und mit Parmesan bestreuen.

4. Im vorgeheizten Backofen bei 200 °C (Umluft: 175 °C) ca. 20 Minuten backen. Mit Thymian garnieren.

Dazu passt Kartoffelpüree.

Für 2–3 Portionen

2 Zucchini (à ca. 200 g)
1 kleine Aubergine
(ca. 150 g)
1 kleine rote Paprikaschote
1 Knoblauchzehe
2 EL Olivenöl
1 TL Kräuter der Provence
1 Beutel KNORR Fix für
Spaghetti Bolognese
50 g geriebener Parmesan
frischer Thymian zum
Garnieren

Zubereitungszeit

ca. 50 Minuten

Pro Portion (1 von 3)

868 kJ/207 kcal,
11 g E, 12 g F, 13 g KH

Ein Tag für ... Frisches Gemüse

Toskanischer Weißkohlauflauf

Für 3 Portionen

500 g Weißkohl
Salz
250 g gemischtes Hackfleisch
1 EL Keimöl
1 Beutel KNORR Fix für Chili con Carne
1 Dose weiße Bohnen (Abtropfgewicht 225 g)
50 g Gratin-Käse

Zubereitungszeit

ca. 45 Minuten

Pro Portion

1290 kJ/307 kcal,
31 g E, 8 g F, 25 g KH

1. Weißkohl putzen, waschen, in breite Streifen schneiden und in kochendem Salzwasser ca. 5 Minuten garen. Kohl in einem Sieb abgießen und gut abtropfen lassen.

2. Hackfleisch in einer beschichteten Pfanne im heißen Öl krümelig anbraten. 350 ml kaltes Wasser zugießen, Beutelinhalt Fix für Chili con Carne einrühren und aufkochen.

3. Die Bohnen abtropfen lassen und untermischen. Weißkohlstreifen und die Bohnen-Hack-Sauce abwechselnd in eine Auflaufform schichten. Mit Sauce beginnen und mit Kohl abschließen.

4. Käse darüberstreuen und im vorgeheizten Backofen bei 200 °C (Umluft: 175 °C) ca. 30 Minuten überbacken.

Dazu schmecken Rosmarinkartoffeln.

Ein Tag für ... Frisches Gemüse

Gefüllte Auberginenpäckchen

Für 3 Portionen

350 g Aubergine
100 g Schafskäse (Feta)
2 Tomaten
2 Frühlingszwiebeln
1 rote Chilischote
1 Beutel KNORR Fix für Lasagne al forno

Zubereitungszeit

ca. 50 Minuten

Pro Portion

693 kJ / 165 kcal,
9 g E, 8 g F, 12 g KH

1. Die Aubergine waschen, trockenreiben und längs in 8 gleich große Scheiben schneiden. Auf ein mit Backpapier belegtes Backblech legen und im vorgeheizten Backofen bei 225 °C (Umluft: 200 °C) ca. 15 Minuten garen.

2. Schafskäse in 8 längliche Stücke schneiden und jedes Stück in 1 Auberginenscheibe einrollen. Die Röllchen mit der Naht nach unten in 1 Auflaufform setzen.

3. Tomaten waschen und würfeln. Frühlingszwiebeln putzen, waschen und in Ringe schneiden. Chilischote entkernen, waschen und fein hacken.

4. Beutelinhalt Fix für Lasagne al forno in 300 ml kaltes Wasser einrühren. Tomaten, Frühlingszwiebeln und Chilischote zugeben und über die Auberginenröllchen gießen. Im vorgeheizten Backofen bei 200 °C (Umluft: 175 °C) ca. 25 Minuten backen.

Dazu schmeckt frisches Fladenbrot.

Spätzle-Gratin mit Blumenkohl

Für 2–3 Portionen

400 g frische Spätzle (Kühlregal)
200 g Schweinefilet
250 g tiefgekühlte Blumenkohlröschen
1 Beutel KNORR Fix für Gulasch
200 ml Schlagsahne oder RAMA Cremefine zum Kochen
100 g Cocktailtomaten
50 g Gratin-Käse

Zubereitungszeit

ca. 55 Minuten

Pro Portion (1 von 3)

2595 kJ/620 kcal,
32 g E, 30 g F, 52 g KH

Tipp

Probieren Sie statt Blumenkohl und Schweinefilet auch einmal Broccoli und Putenbrust.

1. Die Spätzle in eine Auflaufform geben. Schweinefilet in fingerdicke Scheiben schneiden und daraufsetzen. Aufgetaute Blumenkohlröschen zwischen dem Fleisch verteilen.
2. Beutelinhalt Fix für Gulasch mit Sahne und 150 ml kaltem Wasser verrühren und gleichmäßig über Spätzle, Fleisch und Gemüse gießen.
3. Die Cocktailtomaten waschen, halbieren und ebenfalls darübergeben.
4. Das Gratin mit Käse bestreuen und im vorgeheizten Backofen bei 200 °C (Umluft: 175 °C) ca. 40 Minuten überbacken.

Ein Tag für … Frisches Gemüse

Gefüllte Kartoffeln mit Shrimps

Für 2–3 Portionen

225 g tiefgekühlter Blattspinat
4–6 große vorwiegend festkochende Kartoffeln
Salz
80 g Shrimps
Pfeffer
1 Beutel KNORR Fix für Broccoli-Gratin
100 ml Schlagsahne oder RAMA Cremefine zum Kochen

Zubereitungszeit

ca. 50 Minuten

Pro Portion (1 von 3)

1737 kJ/415 kcal,
13 g E, 23 g F, 36 g KH

Tipp

Anstelle von Spinat knapp gegarten Wirsing verwenden.

1. Blattspinat im Topf oder in der Mikrowelle auftauen lassen. Kartoffeln waschen und ungeschält in kochendem Salzwasser ca. 20 Minuten garen.

2. Kartoffeln abgießen, kalt abschrecken und abtropfen lassen. Kartoffeln der Länge nach halbieren und bis auf einen 1 cm breiten Rand aushöhlen.

3. Spinat ausdrücken. Das Innere der Kartoffeln klein schneiden und mit Spinat und Shrimps mischen. Mit Salz und Pfeffer würzen.

4. Mischung in die Kartoffelhälften füllen und in eine flache Auflaufform setzen. Beutelinhalt Fix für Broccoli-Gratin mit Sahne und 150 ml kaltem Wasser verrühren und darübergießen.

5. Die gefüllten Kartoffeln im vorgeheizten Backofen bei 200 °C (Umluft: 175 °C) 25–30 Minuten überbacken.

Rahm-Kartoffeln mit Speck

1. Kartoffeln waschen und ungeschält in kochendem Salzwasser ca. 20 Minuten garen. Kartoffeln abgießen, kalt abspülen, abtropfen lassen, pellen und in Scheiben schneiden.

2. Zwiebeln schälen, würfeln und mit gewürfeltem Schinkenspeck im heißen Öl dünsten. 600 ml kaltes Wasser zugießen, Beutelinhalt Fix für Hackfleisch-Käse-Suppe mit Lauch einrühren und unter Rühren aufkochen. Sahne-Schmelzkäse zugeben und schmelzen lassen.

3. Kartoffelscheiben in die Sauce geben und heiß werden lassen. Schnittlauchröllchen unterrühren und mit Pfeffer abschmecken.

Dazu passt ein gemischter Salat.

Für 4 Portionen

1 kg festkochende Kartoffeln
Salz, 2 Zwiebeln
80 g gewürfelter Schinkenspeck
1 EL Keimöl
1 Beutel KNORR Fix für Hackfleisch-Käse-Suppe mit Lauch
200 g Sahneschmelzkäse
1–2 EL Schnittlauchröllchen
Pfeffer

Zubereitungszeit

ca. 40 Minuten

Pro Portion

2030 kJ/487 kcal,
18 g E, 25 g F, 44 g KH

Ein Tag für … Frisches Gemüse

Spitzkohl-Lasagne mit Kümmel

1. Spitzkohl vierteln und den Strunk entfernen. Die Kohlviertel in Streifen schneiden und waschen.

2. Öl in einem Topf erhitzen und den Spitzkohl darin zusammen mit dem Kümmel ca. 5 Minuten andünsten.

3. Milch und 300 ml Wasser zugießen, Kohl etwas an die Seite schieben und Beutelinhalt Fix für Nudel-Schinken-Gratin einrühren. Einmal aufkochen lassen.

4. Schinken würfeln. Lasagneplatten, Kohl und Schinkenwürfel abwechselnd in eine flache Auflaufform schichten, mit Kohl abschließen. Käse darüberstreuen und im vorgeheizten Backofen bei 200 °C (Umluft: 175 °C) ca. 30 Minuten backen.

Für 3 Portionen

1 Spitzkohl (ca. 600 g)
2 EL Keimöl
1–2 TL Kümmelsamen
200 ml Milch (1,5 % Fett)
1 Beutel KNORR Fix für Nudel-Schinken-Gratin
1 Scheibe gekochter Schinken (ca. 125 g)
9 Lasagneplatten (ohne Vorkochen)
50 g Gratin-Käse

Zubereitungszeit

ca. 50 Minuten

Pro Portion

1712 kJ/409 kcal,
24 g E, 15 g F, 42 g KH

Ein Tag für ... Frisches Gemüse

Pilz-Quiche mit Schnittlauchschaum

Für 4 Portionen

200 g Mehl
1 TL Zucker
1 TL Salz
1 Beutel Trockenhefe (7 g)
750 g Champignons
1 EL Keimöl
150 ml Schlagsahne
oder RAMA Cremefine
zum Kochen
1 Ei
2 Beutel KNORR Fix für
Lachs-Sahne-Gratin
1–2 Bund Schnittlauch
100 g saure Sahne
100 g Joghurt
Pfeffer

Außerdem
Springform (28 cm ⌀)

Zubereitungszeit
ca. 40 Minuten

Pro Portion
2069 kJ/494 kcal,
15 g E, 25 g F, 50 g KH

1. Mehl in eine Schüssel sieben. Zucker, Salz und Hefe zufügen. 150 ml lauwarmes Wasser zugeben und zu einem geschmeidigen Teig kneten. Zugedeckt an einem warmen Ort zur doppelten Größe aufgehen lassen.
2. Den Teig durchkneten und in eine gefettete Springform (28 cm ⌀) drücken, dabei einen kleinen Rand formen.
3. Pilze putzen, in Scheiben schneiden und im heißen Öl ca. 5 Minuten braten, bis die Flüssigkeit verdampft ist.
4. Sahne und 100 ml Wasser mit dem Ei und dem Inhalt beider Beutel Fix für Lachs-Sahne-Gratin verquirlen. Pilze unterheben und auf dem Teig verteilen. Im vorgeheizten Backofen auf der 2. Schiene von unten bei 225 °C (Umluft: 200 °C) 20–25 Minuten backen.
5. Für den Schaum Schnittlauch waschen, trockenschütteln und in feine Röllchen schneiden. Saure Sahne und Joghurt verrühren, Schnittlauchröllchen unterheben. Mit Salz und Pfeffer würzen und zur Quiche servieren.

Ein Tag für … Frisches Gemüse

Rotkohlwickel mit Steinpilz-Hack-Füllung

Für 4 Portionen

1 kg Rotkohl
Salz
2 Zwiebeln
2 EL Keimöl
10 g getrocknete Steinpilze
1 Beutel KNORR Fix für Hackbraten
500 g Beefsteakhack (Tatar)
2 EL KNORR Klarer Bratensaft (Dose)
100 g Joghurt
1 TL Mehl
2 EL Schnittlauchröllchen

Außerdem
Küchengarn zum Binden

Zubereitungszeit

ca. 70 Minuten

Pro Portion

1430 kJ / 342 kcal,
34 g E, 12 g F, 23 g KH

1. 8 Rotkohlblätter vom Strunk schneiden und in kochendem Salzwasser 2–3 Minuten garen. Herausnehmen, kalt abschrecken und abtropfen lassen. Von den Blättern die Mittelrippe flachschneiden. Restlichen Kohl putzen und in dünne Streifen schneiden.

2. Zwiebeln schälen, würfeln und zusammen mit den Kohlstreifen in 1 EL heißem Öl zugedeckt 10 Minuten dünsten.

3. Pilze und Beutelinhalt Fix für Hackbraten in 1/8 l (125 ml) Wasser einrühren. Kohl und Hackfleisch zugeben, gut mischen und auf den Kohlblättern verteilen. Aufrollen und binden.

4. Restliches Öl erhitzen. Rouladen darin ca. 5 Minuten rundherum anbraten. 1/4 l (250 ml) Wasser zugießen und Bratensaft einrühren. Zugedeckt ca. 35 Minuten schmoren.

5. Joghurt mit Mehl verrühren und in die Sauce rühren, weitere 5 Minuten garen. Rotkohlwickel mit Schnittlauchröllchen bestreut servieren.

Ein Tag für ... Frisches Gemüse

Linsenküchlein mit Gurken-Dip

Für 2–3 Portionen

1 Dose Linsen mit Suppengrün (Abtropfgewicht 530 g)
2 Eier
1 Beutel KNORR Fix für Hackbraten
1–2 TL gehackter Thymian
3 EL Keimöl
250 g Salatgurke
250 g Sahnequark
1 Beutel KNORR Salatkrönung »Dill-Kräuter«
Schale von 1/2 unbehandelten Zitronen

Außerdem
lange Cocktailspieße

1. Die Linsen in einem Sieb abgießen, kalt abspülen und gut abtropfen lassen.
2. Eier mit 100 ml lauwarmem Wasser verquirlen und Beutelinhalt Fix für Hackbraten einrühren. Abgetropfte Linsen und Thymian zugeben und alles gut vermischen.
3. Aus der Linsenmasse ca. 4 cm große Küchlein formen und im heißen Öl von beiden Seiten goldgelb braten. Herausnehmen und immer 2–3 Küchlein zusammenstecken und warm stellen.
4. Salatgurke schälen, auf der Küchenreibe raspeln und mit Quark, Beutelinhalt Salatkrönung »Dill-Kräuter« und Zitronenschale mischen. Gurken-Dip zu den Linsenküchlein servieren.

Zubereitungszeit
ca. 30 Minuten

Pro Portion (1 von 3)
2121 kJ/508 kcal,
19 g E, 33 g F, 32 g KH

Ein Tag für... Frisches Gemüse

Gefüllte Ofentomaten

1. Spinat in einem Topf oder in der Mikrowelle auftauen lassen. Knoblauch schälen und durch eine Presse drücken. Spinat abtropfen lassen, ausdrücken und mit Knoblauch, Frischkäse, Salz und Pfeffer mischen.

2. Beutelinhalt Fix für Nudel-Schinken-Gratin in 300 ml kaltes Wasser einrühren und unter Rühren aufkochen. Die Sauce in eine Auflaufform geben.

3. Tomaten waschen und trockenreiben. Zum Füllen je einen Deckel abschneiden und die Tomaten mit einem Löffel aushöhlen. Spinatmischung hineinfüllen und die Tomaten in die Sauce setzen. Deckel in kleine Würfel schneiden und über die Sauce streuen.

4. Mozzarella in 5 Scheiben schneiden und die gefüllten Tomaten damit abdecken. Im vorgeheizten Backofen bei 200 °C (Umluft: 175 °C) ca. 20 Minuten überbacken.

Für 2–3 Portionen

225 g tiefgekühlter Blattspinat
1 Knoblauchzehe
150 g Doppelrahm-Frischkäse
Salz
Pfeffer
1 Beutel KNORR für Nudel-Schinken-Gratin
5 mittelgroße Tomaten
125 g Mozzarella

Zubereitungszeit

ca. 40 Minuten

Pro Portion (1 von 3)

1596 kJ / 381 kcal,
18 g E, 29 g F, 11 g KH

Ein Tag für … Frisches Gemüse

Blumenkohl auf Tomatencreme

Besonders günstig!

Für 3 Portionen

1 Blumenkohl (ca. 750 g)
Salz
2 Scheiben Vollkorntoast
1–2 EL Keimöl
1 Bund Petersilie
1 Beutel KNORR Fix für Spaghetti Napoli
1/4 l (250 ml) Milch

Zubereitungszeit

ca. 30 Minuten

Pro Portion

838 kJ/200 kcal,
8 g E, 7 g F, 23 g KH

1. Blumenkohl putzen, den Strunk so herausschneiden, dass die Röschen noch gut zusammenhalten. Danach den Kohl waschen.
2. In einem großen Topf 1/4 l (250 ml) Wasser mit etwas Salz erhitzen, Blumenkohl hineinsetzen und in 15–18 Minuten bissfest garen.
3. Toastscheiben im Toaster rösten, fein zerbröseln und in einer beschichteten Pfanne im heißen Öl noch einmal anrösten. Petersilie waschen, trockenschütteln, fein hacken und mit den Bröseln mischen.
4. Beutelinhalt Fix für Spaghetti Napoli in die kalte Milch einrühren und unter Rühren einmal aufkochen.
5. Blumenkohl herausnehmen, gut abtropfen lassen und auf einer Platte mit der Tomatencremesauce anrichten. Mit Kräuterbröseln bestreuen.

Ein Tag für ... Frisches Gemüse

Wirsing-Pilz-Topf mit Kochwurst

Für 3–4 Portionen

600 g Wirsing
200 g Pfifferlinge
3–4 EL Keimöl
1 Beutel KNORR Fix für Hackfleisch-Käse-Suppe mit Lauch
150 g Kochwurst, z.B. Mettenden
100 g Schmelzkäse

Zubereitungszeit

ca. 35 Minuten

Pro Portion (1 von 4)

1668 kJ/400 kcal,
17 g E, 32 g F, 10 g KH

Tipp

Statt Pfifferlinge Champignons verwenden.

1. Wirsing putzen, waschen und die Blätter in kleine Stücke schneiden. Pfifferlinge putzen und eventuell kurz waschen und trockenreiben.

2. Wirsing im heißen Öl andünsten. Pfifferlinge zufügen und mitdünsten. 3/4 l (750 ml) kaltes Wasser zugießen, Beutelinhalt Fix für Hackfleisch-Käse-Suppe mit Lauch einrühren und aufkochen.

3. Wurst in dünne Scheiben scheiben, zufügen und zugedeckt bei schwacher Hitze ca. 20 Minuten garen. Zum Schluss den Käse zufügen und schmelzen lassen.

Ein Tag für … Frisches Gemüse

Griechische Tomatensuppe

1. Die Zwiebeln schälen und in Ringe schneiden. Sellerie waschen und klein schneiden. Gemüse in einem Topf im heißen Öl andünsten.

2. Orangensaft und 350 ml kaltes Wasser zugießen, Beutelinhalt Fix für Spaghetti Napoli einrühren und aufkochen. Thymian zugeben und zugedeckt bei schwacher Hitze ca. 10 Minuten garen.

3. Cocktailtomaten waschen, halbieren und in der Suppe heiß werden lassen. Mit Pfeffer abschmecken und auf Tellern verteilen. Feta mit den Fingern zerbröseln und darüberstreuen. Die Suppe nach Belieben mit etwas Selleriegrün und Thymian garnieren.

Dazu passt Vollkorntoast oder Fladenbrot.

Für 2–3 Portionen

1–2 Zwiebeln
2 Stangen Staudensellerie
1 EL Olivenöl
100 ml Orangensaft
1 Beutel KNORR Fix für Spaghetti Napoli
1–2 TL Thymian (frisch oder getrocknet)
100 g Cocktailtomaten
Pfeffer
50 g Schafskäse (Feta)

Zubereitungszeit

ca. 30 Minuten

Pro Portion (1 von 3)

602 kJ / 144 kcal,
5 g E, 6 g F, 13 g KH

Broccoli-Pilz-Pfanne mit Speck

Für 3 Portionen

1 große Zwiebel
100 g magerer Frühstücksspeck
500 g gemischte Pilze, z.B. Champignons, Austernpilze, Pfifferlinge
1 EL Keimöl
1 Beutel KNORR Fix für Rahm-Champignons
300 g tiefgekühlter Broccoli

Zubereitungszeit

ca. 25 Minuten

Pro Portion

927 kJ/228 kcal,
13 g E, 14 g F, 11 g KH

1. Zwiebel schälen und fein würfeln. Frühstücksspeck ebenfalls würfeln.

2. Pilze putzen, eventuell waschen, in Stücke teilen und in einer großen Pfanne im heißen Öl anbraten. Zwiebel- und Speckwürfel zufügen und mitbraten.

3. 250 ml kaltes Wasser zugießen, Beutelinhalt Fix für Rahm-Champignons einrühren und aufkochen. Tiefgekühlten Broccoli eventuell etwas klein schneiden, zufügen und zugedeckt bei mittlerer Hitze ca. 6 Minuten garen.

   Dazu passen Semmelknödel.

Ein Tag für... Frisches Gemüse

Gemüsetopf mit Oliven

Für 3 Portionen

500 g Kartoffeln
1 gelbe Paprikaschote
200 g Zucchini
100 g Schalotten
1 EL Olivenöl
1 Beutel KNORR Fix für Ofen-Makkaroni alla mamma
40 g grüne Oliven ohne Stein
50 g Pecorino

Zubereitungszeit

ca. 30 Minuten

Pro Portion

1300 kJ / 309 kcal,
10 g E, 13 g F, 37 g KH

1. Die Kartoffeln waschen, schälen und würfeln. Paprikaschote halbieren, entkernen, waschen und in Würfel schneiden. Zucchini ebenfalls putzen, waschen und würfeln. Schalotten schälen und halbieren.

2. Kartoffel- und Gemüsewürfel in einem Topf im heißen Öl anbraten. 500 ml kaltes Wasser zugießen, Beutelinhalt Fix für Ofen-Makkaroni alla mamma einrühren und aufkochen. Zugedeckt bei schwacher Hitze ca. 15–20 Minuten garen.

3. Oliven zum Gemüsetopf geben und darin heiß werden lassen. Käse reiben, darüberstreuen und servieren.

Dazu passt frisches Ciabattabrot.

Mediterranes Gemüse vom Blech

Für 3 Portionen

1 Zucchini (ca. 300 g)
1 Aubergine (ca. 300 g)
1 kleiner Hokkaidokürbis
(ca. 500 g)
1 Dose Artischockenherzen
(Abtropfgewicht 240 g)
1 Beutel KNORR
Fix für knusprige
Hähnchenschenkel
4 EL Olivenöl
1 Knoblauchzehe
1 kleine unbehandelte
Orange

Zubereitungszeit

45 Minuten

Pro Portion

1018 kJ/245 kcal,
8 g E, 15 g F, 19 g KH

1. Zucchini und Aubergine putzen, waschen und in fingerdicke Scheiben schneiden. Kürbis ebenfalls putzen, waschen, entkernen und in fingerdicke Spalten schneiden. Artischockenherzen in einem Sieb abgießen und abtropfen lassen.

2. Beutelinhalt Fix für knusprige Hähnchenschenkel mit Öl verrühren. Knoblauchzehe schälen und dazupressen. Gemüse in einer Schüssel mit der Marinade mischen. Orange waschen, in Scheiben schneiden und untermischen.

3. Die Zutaten auf einem Backblech verteilen und im vorgeheizten Backofen bei 200 °C (Umluft: 175 °C) ca. 30 Minuten garen. Ab und zu wenden.

Passt gut zu Rumpsteaks mit Kräuterbutter.

Ein Tag für ... Frisches Gemüse

Antipasti-Salat mit Tortiglioni

Für 3–4 Portionen

200 g Tortiglioni (Rigatoni)
Salz
1 Beutel KNORR Fix für knusprige Hähnchenschenkel
3 EL Olivenöl
250 g Zucchini
200 g Auberginen
300 g Cocktailtomaten
1 Knoblauchzehe
50 g Rucola
2–3 EL Zitronensaft

Zubereitungszeit

35 Minuten

Pro Portion (1 von 4)

1224 kJ/293 kcal,
9 g E, 10 g F, 41 g KH

1. Röhrennudeln in reichlich kochendem Salzwasser nach Packungsanleitung bissfest garen, in einem Sieb abgießen und abtropfen lassen.
2. Beutelinhalt Fix für knusprige Hähnchenschenkel mit Öl in einer Schüssel verrühren. Gemüse putzen und waschen. Zucchini und Auberginen würfeln, Cocktailtomaten halbieren. Zur Marinade geben und gut mischen.
3. Gemüse in einer heißen Grillpfanne ohne Zugabe von Fett kräftig anbraten und bei schwacher bis mittlerer Hitze ca. 3 Minuten garen. Knoblauchzehe schälen, dazupressen und mitbraten. Gemüse unter die Nudeln mischen und ca. 20 Minuten stehen lassen.
4. Rucola waschen, trockenschleudern und in mundgerechte Stücke zupfen. Antipasti-Salat mit Zitronensaft abschmecken. Rucola untermischen und sofort servieren.

Lecker zu kurz gebratenem Fleisch.

Tipp

Geben Sie etwas abgeriebene Zitronenschale unter den Salat.

Ein Tag für ... Frisches Gemüse

Buntes Gemüse-Chili

Für 3 Portionen

2 Möhren
100 g Lauch (Porree)
2 rote Paprikaschoten
1 EL Keimöl
1 Beutel KNORR Fix für Chili con Carne
1 Dose Kidneybohnen (Abtropfgewicht 265 g)
2 EL Crème fraîche

Zubereitungszeit

ca. 35 Minuten

Pro Portion

920 kJ/220 kcal,
10 g E, 6 g F, 31 g KH

Tipp

Genießen Sie zum Chili ein mexikanisches Bier, stilecht serviert mit einem Limonenschnitz im Flaschenhals.

1. Möhren schälen und in Scheiben schneiden. Lauch putzen, waschen und in feine Ringe schneiden. Paprikaschoten halbieren, entkernen, waschen und in Streifen schneiden. Alles in einer Pfanne im heißen Öl dünsten.

2. 400 ml kaltes Wasser dazugießen, Beutelinhalt Fix für Chili con Carne einrühren und unter Rühren aufkochen. Zugedeckt bei schwacher Hitze 10 Minuten garen.

3. Kidneybohnen in einem Sieb abgießen, abtropfen lassen, zum Chili geben und erwärmen. Mit Crème fraîche verfeinert servieren.

Ein Tag für ... Frisches Gemüse

Gefüllte Gurken mit Paprikarahm

1. Gurken waschen und halbieren. Mit einem Teelöffel die Kerne entfernen. Schinkenscheiben auf die Gurkenhälften legen.

2. Schafskäse mit einer Gabel zerdrücken. Knoblauch schälen, dazupressen. Oliven klein schneiden und mit Schafskäse, Knoblauch, Pfeffer und 1–2 EL Sahne verrühren. Schafskäse in die Gurken füllen.

3. Beutelinhalt Fix für Paprika-Rahm-Schnitzel mit restlicher Sahne und 50 ml Wasser verrühren und in eine Auflaufform geben. Die gefüllten Gurken hineinsetzen.

4. Halbe Paprikaschote entkernen, waschen, in Würfel schneiden und über die Gurken streuen. Im vorgeheizten Backofen bei 200 °C (Umluft: 175 °C) ca. 20 Minuten garen.

Für 2–3 Portionen

2–3 Minigurken oder
1 große Salatgurke (ca. 400 g)
4 Scheiben Bauernschinken
200 g Schafskäse (Feta)
1 Knoblauchzehe
5 schwarze Oliven ohne Stein
Pfeffer
150 ml Schlagsahne
oder RAMA Cremefine
zum Kochen
1 Beutel KNORR Fix für
Paprika-Rahm-Schnitzel
1/2 rote Paprikaschote

Zubereitungszeit

ca. 50 Minuten

Pro Portion (1 von 3)

1854 kJ/442 kcal,
24 g E, 33 g F, 12 g KH

Ein Tag für … Frisches Gemüse

Ein Tag für...
Zartes Geflügel

Wunderbar wandelbar, verführerisch leicht und fein gewürzt – so kommen Hähnchen und Pute immer wieder perfekt zur Geltung.

Katalanische Hähnchenkeulen

Für 3 Portionen

3 Hähnchenkeulen
(à ca. 250 g)
Salz, Pfeffer
2 EL Keimöl
100 ml Weißwein
1 Beutel KNORR Fix für
Lasagne al forno
2 Knoblauchzehen
6–8 schwarze Oliven
30 g geschälte Mandeln

Zubereitungszeit

ca. 45 Minuten

Pro Portion

2693 kJ/645 kcal,
45 g E, 44 g F, 11 g KH

1. Hähnchenkeulen abspülen, trockentupfen und eventuell im Gelenk halbieren. Mit Salz und Pfeffer würzen und in einem weiten Topf im heißen Öl rundherum anbraten.

2. Keulen aus dem Topf nehmen. Weißwein und 350 ml kaltes Wasser hineingießen. Beutelinhalt Fix für Lasagne al forno einrühren und aufkochen.

3. Knoblauchzehen schälen und fein hacken. Oliven halbieren und mit den Knoblauchzehen und den Mandeln in die Sauce geben.

4. Hähnchenkeulen dazugeben und alles zugedeckt bei schwacher Hitze ca. 25 Minuten garen.

Dazu passt Safran-Reis.

Zitronen-Hähnchen mit Kartoffeln

1. Das Hähnchen innen und außen waschen und trockentupfen. Beutelinhalt Fix für knuspriges Wiener Schnitzel mit Öl verrühren, das Hähnchen damit gleichmäßig bestreichen und in eine große Auflaufform legen.
2. Kartoffeln schälen oder ungeschält waschen, eventuell halbieren und um das Hähnchen verteilen. Mit Salz und Pfeffer bestreuen.
3. Im vorgeheizten Backofen auf der 2. Einschubleiste von unten bei 200 °C (Umluft: 175 °C) ca. 40 Minuten garen.
4. Inzwischen die Frühlingszwiebeln putzen, waschen und in ca. 3 cm große Stücke schneiden. Zitronen heiß waschen, trockenreiben und achteln.
5. Frühlingszwiebeln, Zitronenachtel und Thymian um das Hähnchen verteilen und weitere 30 Minuten braten. Kartoffeln, Zwiebeln und Zitronenstücke ab und zu wenden.

Für 3–4 Portionen

1 küchenfertiges Brathähnchen (ca. 1 kg)
1 Beutel KNORR Fix für knuspriges Wiener Schnitzel
5 EL Olivenöl
500 g kleine Kartoffeln
Salz
Pfeffer
1 Bund Frühlingszwiebeln
2 unbehandelte Zitronen
2 Zweige Thymian

Zubereitungszeit

ca. 75 Minuten

Pro Portion (1 von 4)

2810 kJ/674 kcal,
54 g E, 37 g F, 27 g KH

Ein Tag für… Zartes Geflügel

Puten-Mais-Pfanne in Kokossauce

1. Putenbrustfilet abspülen, trockentupfen und in ca. 1 cm große Würfel schneiden. Putenwürfel im heißen Öl rundherum anbraten. Herausnehmen und warm stellen.

2. Mini-Maiskölbchen längs halbieren. Zucchini putzen, waschen, in Scheiben schneiden und mit den Maiskölbchen im verbliebenen Bratfett hell dünsten. 300 ml kaltes Wasser und Kokosmilch zugießen. Beutelinhalt Fix für Makkaroni al forno einrühren und aufkochen.

3. Gemüsemais abtropfen lassen. Maiskörner und eingelegte grüne Pfefferkörner zugeben und zugedeckt bei schwacher Hitze ca. 5 Minuten garen. Fleischwürfel zugeben und heiß werden lassen.

Dazu schmecken Reis oder Glasnudeln.

Für 2–3 Portionen

350 g Putenbrustfilet
2 EL Keimöl
120 g Mini-Maiskölbchen
150 g Zucchini
200 ml Kokosmilch
1 Beutel KNORR Fix für Makkaroni al forno
1 Dose Gemüsemais (Abtropfgewicht 140 g)
1–2 TL eingelegte grüne Pfefferkörner

Zubereitungszeit

20 Minuten

Pro Portion (1 von 3)

1384 kJ/331 kcal,
33 g E, 9 g F, 27 g KH

Ein Tag für... Zartes Geflügel

Putenfrikassee in Apfel-Broccoli-Sauce

Für 2 Portionen

250 g Broccoli
Salz
1 kleiner roter Apfel
1 EL Zitronensaft
1 Zwiebel
250 g Putenschnitzel
3–4 Stiele Majoran
1 EL Keimöl
Pfeffer
1 Beutel KNORR Fix für Rahm-Champignons
20 g Mandelblättchen

Zubereitungszeit

ca. 25 Minuten

Pro Portion

1589 kJ/380 kcal,
35 g E, 16 g F, 21 g KH

1. Broccoli putzen, waschen, in Röschen teilen und in kochendem Salzwasser in ca. 8 Minuten bissfest garen. Das Gemüse in einem Sieb abgießen und abtropfen lassen.

2. Apfel waschen, entkernen, das Fruchtfleisch in Spalten schneiden und mit Zitronensaft beträufeln. Zwiebel schälen und würfeln. Putenschnitzel in Streifen schneiden. Majoran waschen, trockenschütteln und die Blättchen abzupfen.

3. Putenstreifen in einer beschichteten Pfanne im heißen Öl 5 Minuten braten, mit Salz und Pfeffer würzen und herausnehmen.

4. Zwiebelwürfel in die Pfanne geben und glasig dünsten. Apfelspalten zugeben und kurz andünsten. 1/4 l (250 ml) kaltes Wasser zugießen und Beutelinhalt Fix für Rahm-Champignons einrühren und aufkochen. Broccoli, Majoran und Fleisch zugeben und bei schwacher Hitze 3–4 Minuten garen.

5. Mandelblättchen in einer zweiten Pfanne ohne Zugabe von Fett rösten und über das Putenfrikassee streuen.

Ein Tag für... Zartes Geflügel

Bärlauch-Hähnchen mit Champignons

Für 3 Portionen

3 Hähnchenbrustfilets (à 150 g)
1 Bund Bärlauch
150 g Champignons
1 Beutel KNORR Fix für Putengeschnetzeltes
100 ml Schlagsahne oder RAMA Cremefine zum Kochen

Zubereitungszeit
ca. 40 Minuten

Pro Portion
1390 kJ / 332 kcal,
38 g E, 15 g F, 9 g KH

Tipp
Außerhalb der Bärlauch-saison können Sie auch 1 EL Bärlauch-Paste aus dem Glas verwenden – einfach unter die Sahne rühren.

1. Hähnchenbrustfilets abspülen, trockentupfen, halbieren und in eine Auflaufform legen. Bärlauch waschen, trockenschütteln und die Blätter zwischen die Fleischstücke geben.

2. Champignons putzen und in Scheiben schneiden. Champignonscheiben über dem Hähnchenfleisch verteilen.

3. Beutelinhalt Fix für Putengeschnetzeltes in 150 ml kaltes Wasser und Sahne einrühren und gleichmäßig darübergießen.

4. Bärlauch-Hähnchen im vorgeheizten Backofen bei 200 °C (Umluft: 175 °C) ca. 30 Minuten backen.

Ein Tag für … Zartes Geflügel

Hähnchen-Curry mit Blattspinat

Für 2–3 Portionen

200 g tiefgekühlter Blattspinat
300 g Hähnchenbrustfilet
2 EL Keimöl
1 Zwiebel
1 Knoblauchzehe
1/2–1 EL Currypulver
200 ml Kokosmilch (Dose)
1 Beutel KNORR Fix für Ofen-Makkaroni alla mamma

Zubereitungszeit

ca. 25 Minuten

Pro Portion (1 von 3)

1508 kJ/361 kcal,
30 g E, 22 g F, 11 g KH

1. Spinat in einem kleinen Topf oder in der Mikrowelle auftauen. Hähnchenbrustfilet abspülen, trockentupfen, in Stücke schneiden und im heißen Öl rundherum anbraten.
2. Zwiebel und Knoblauchzehe schälen, fein hacken, zum Fleisch geben und mitbraten. Currypulver über das Fleisch stäuben und kurz mitdünsten.
3. 200 ml kaltes Wasser und Kokosmilch zugießen, Beutelinhalt Fix für Ofen-Makkaroni alla mamma einrühren und aufkochen. Bei schwacher Hitze 2 Minuten garen.
4. Den Spinat gut ausdrücken, zugeben und alles weitere 3 Minuten kochen.

   Dazu Basmati-Reis servieren.

Ein Tag für… Zartes Geflügel

Coq au vin – Huhn in Rotweinsauce

1. Schalotten schälen und eventuell halbieren. Speck in Streifen schneiden. Champignons putzen, eventuell waschen und trockentupfen.

2. Poularde in 8 Teile teilen, salzen und pfeffern. Geflügelteile in einem Schmortopf im heißen Öl rundherum braun anbraten, anschließend herausnehmen.

3. Schalotten, Speckstreifen, Pilze und Lorbeerblätter im verbliebenen Bratfett anbraten. Rotwein und 150 ml kaltes Wasser zugießen, Beutelinhalt Fix für Schmorbraten einrühren und aufkochen.

4. Geflügelteile in die Sauce geben und zugedeckt bei mittlerer Hitze ca. 45 Minuten schmoren.

Dazu schmecken Nudeln oder Baguette.

Für 3–4 Portionen

200 g Schalotten
60 g Frühstücksspeck
250 g kleine Champignons
1 küchenfertige Poularde (ca. 1,2 kg)
Salz
Pfeffer
3 EL Keimöl
2 Lorbeerblätter
350 ml trockener Rotwein
1 Beutel KNORR Fix für Schmorbraten

Zubereitungszeit

ca. 75 Minuten

Pro Portion (1 von 4)

3952 kJ/946 kcal,
63 g E, 69 g F, 9 g KH

Ein Tag für... Zartes Geflügel

Hähnchen-Rucola-Topf mit Paprika

Für 2–3 Portionen

1 kleine gelbe Paprikaschote
2 Tomaten
50 g Rucola
350 g Hähnchenbrustfilet
2–3 EL Keimöl
Salz, Pfeffer
1 Beutel KNORR Fix für Broccoli-Gratin
1–2 TL Zitronensaft

Zubereitungszeit

ca. 35 Minuten

Pro Portion (1 von 3)

1174 kJ/282 kcal,
30 g E, 14 g F, 9 g KH

1. Paprikaschote halbieren, entkernen, waschen und in Streifen schneiden. Tomaten waschen und entkernen. Fruchtfleisch in Würfel schneiden. Rucola putzen, waschen, trockenschleudern und in Stücke zerpflücken.
2. Hähnchenbrustfilet abspülen, trockentupfen, in Streifen schneiden und in einem weiten Topf im heißen Öl braten. Mit Salz und Pfeffer würzen und herausnehmen. Paprikastreifen im Bratfett andünsten.
3. 350 ml kaltes Wasser dazugießen, Beutelinhalt Fix für Broccoli-Gratin einrühren, unter Rühren aufkochen und 1 Minute kochen.
4. Hähnchenstreifen, Tomatenwürfel und Rucola dazugeben und heiß werden lassen. Mit Salz, Pfeffer und Zitronensaft abschmecken.

   Dazu passt kräftiges Kartoffelpüree.

Tipp

Rucola hält sich im Gefrierbeutel verpackt im Kühlschrank bis zu 4 Tage frisch.

Ein Tag für... Zartes Geflügel

Gefüllte Putenröllchen

Für 4 Portionen

4 Putenschnitzel (à 150 g)
Salz
Pfeffer
8 getrocknete Pflaumen
(ca. 50 g)
2–3 EL Keimöl
150 ml Schlagsahne
oder RAMA Cremefine
zum Kochen
50 ml Kirschsaft
1 Beutel KNORR Fix für
Pfeffer-Rahm-Medaillons

Außerdem
Holzspießchen

Zubereitungszeit

ca. 25 Minuten

Pro Portion

1450 kJ/349 kcal,
37 g E, 14 g F, 16 g KH

1. Putenschnitzel abspülen, trockentupfen, flachklopfen und mit Salz und Pfeffer würzen. Je 2 Pflaumen auf ein Schnitzel geben, aufrollen und mit Holzspießchen feststecken.

2. Putenröllchen im heißen Öl rundherum braun anbraten. Das Fleisch aus der Pfanne nehmen und warm stellen.

3. 200 ml kaltes Wasser, Sahne und Kirschsaft in die Pfanne gießen, Fix für Pfeffer-Rahm-Medaillons einrühren, unter Rühren aufkochen und 1 Minute kochen lassen.

4. Die gefüllten Putenröllchen in die Sauce geben und servieren.

   Dazu passen Bandnudeln und Bundmöhren.

Ein Tag für ... Zartes Geflügel

Ofenhähnchen im Speckmantel

Besonders günstig!

1. Petersilie waschen, trockenschütteln und die Blätter abzupfen.
2. Hähnchenbrustfilets abspülen, trockentupfen, mit den Petersilienblättchen belegen und jedes Filet mit 2 Scheiben Frühstücksspeck umwickeln. Mit der Naht nach unten in eine Auflaufform setzen.
3. Beutelinhalt Fix für Kräuter-Rahm-Schnitzel in 200 ml kaltes Wasser und Sahne einrühren, aufkochen und gleichmäßig über das Fleisch verteilen.
4. Im vorgeheizten Backofen bei 200 °C (Umluft: 175 °C) ca. 30 Minuten backen.

Dazu schmecken Salzkartoffeln.

Für 3 Portionen

1/2 Bund glatte Petersilie
3 Hähnchenbrustfilets (à 150 g)
6 dünne Scheiben Frühstücksspeck
1 Beutel KNORR Fix für Kräuter-Rahm-Schnitzel
100 ml Schlagsahne oder RAMA Cremefine zum Kochen

Zubereitungszeit

ca. 45 Minuten

Pro Portion

1694 kJ/407 kcal,
47 g E, 19 g F, 12 g KH

Ein Tag für ... Zartes Geflügel

Geflügelpfanne mit Erdnüssen

Für 3 Portionen

350 g Putenbrustfilet
1 Glas Sojasprossen
(160 g Abtropfgewicht)
1 EL Keimöl
4 Scheiben Ananas (Dose)
1 Beutel KNORR Fix für
Geschnetzeltes Züricher Art
150 ml Ananassaft
2 EL gesalzene Erdnüsse

Zubereitungszeit

ca. 25 Minuten

Pro Portion

1800 kJ/430 kcal,
35 g E, 18 g F, 29 g KH

Tipp

2 Frühlingszwiebeln in Ringe schneiden und die Geflügelpfanne damit bestreuen.

1. Putenbrustfilet abspülen, trockentupfen und in Streifen schneiden. Sojasprossen in einem Sieb abgießen, heiß abspülen und abtropfen lassen.

2. Putenstreifen im heißen Öl rundherum anbraten. Ananasscheiben abtropfen lassen und in Stücke schneiden. Ananasstücke mit den Sprossen zum Fleisch geben und kurz mitbraten.

3. Beutelinhalt Fix für Geschnetzeltes Züricher Art in 150 ml kaltes Wasser und Ananassaft einrühren, zugießen und unter Rühren aufkochen.

4. Die Erdnüsse eventuell hacken, zufügen und bei schwacher Hitze ca. 1 Minute kochen.

Pikante Pute mit Mais und Bohnen

Für 2–3 Portionen

1 Dose Gemüsemais (Abtropfgewicht 140 g)
1 Dose Kidneybohnen (Abtropfgewicht 140 g)
2 Frühlingszwiebeln
2 Putenschnitzel (à 150 g)
1 EL Keimöl
50 ml Schlagsahne oder RAMA Cremefine zum Kochen
1 Beutel KNORR Fix für Chili con Carne
Cayennepfeffer

Zubereitungszeit

ca. 20 Minuten

Pro Portion (1 von 3)

1344 kJ/322 kcal,
31 g E, 14 g F, 19 g KH

1. Gemüsemais und Kidneybohnen in einem Sieb abgießen, abspülen und abtropfen lassen. Frühlingszwiebeln waschen, putzen und in ca. 2 cm lange Stücke schneiden.

2. Die Putenschnitzel abspülen, trockentupfen, in 6 Stücke schneiden und in einer beschichteten Pfanne im heißen Öl anbraten. 300 ml kaltes Wasser und Sahne zugießen, Beutelinhalt Fix für Chili con Carne einrühren und aufkochen.

3. Abgetropften Mais und Kidneybohnen zufügen und bei schwacher Hitze 5–6 Minuten kochen. Ab und zu umrühren.

4. Frühlingszwiebeln zufügen und heiß werden lassen. Mit Cayennepfeffer pikant abschmecken.

Dazu schmecken Bratkartoffeln.

Ein Tag für... Zartes Geflügel

Besonders günstig!

Fruchtiges Hähnchenragout

1. Hähnchenbrustfilet abspülen, trockentupfen, in große Würfel schneiden und im heißen Öl rundherum braten. Herausnehmen und warm stellen.
2. Den Apfel waschen, entkernen und das Fruchtfleisch in dünne Spalten schneiden. Apfelspalten im verbliebenen Bratfett dünsten.
3. 200 ml kaltes Wasser und Sahne zugießen, Beutelinhalt Fix für Rahm-Champignons einrühren und aufkochen.
4. Hähnchenfleisch und die eingelegten Pfefferkörner in die Sauce geben und 2 Minuten bei schwacher Hitze kochen.

Dazu schmecken Reis oder Bandnudeln.

Für 2–3 Portionen

400 g Hähnchenbrustfilet
2 EL Keimöl
1 roter Apfel
100 ml Schlagsahne oder RAMA Cremefine zum Kochen
1 Beutel KNORR Fix für Rahm-Champignons
1–2 TL eingelegte grüne Pfefferkörner

Zubereitungszeit

ca. 20 Minuten

Pro Portion (1 von 3)

1579 kJ/379 kcal,
34 g E, 19 g F, 18 g KH

Ein Tag für… Zartes Geflügel

Hähnchen-Curry-Pfanne mit Aprikosen

Für 3 Portionen

250 g Hähnchenbrustfilet
200 g Frühlingszwiebeln
240 g Aprikosen (Dose)
1 EL Keimöl
1–2 TL Currypulver
1 Beutel KNORR Fix für Putengeschnetzeltes

Zubereitungszeit

ca. 30 Minuten

Pro Portion

1330 kJ/319 kcal,
22 g E, 10 g F, 33 g KH

1. Hähnchenbrustfilet abspülen, trockentupfen und in Streifen schneiden. Frühlingszwiebeln putzen, waschen und in Stücke schneiden. Aprikosen abgießen, den Saft dabei auffangen. Die Früchte in Spalten schneiden.
2. Hähnchenstreifen in einer beschichteten Pfanne im heißen Öl anbraten. Currypulver und die Frühlingszwiebeln zugeben und kurz mitbraten.
3. 200 ml kaltes Wasser und 50 ml vom zurückbehaltenen Aprikosensaft zugießen, Beutelinhalt Fix für Putengeschnetzeltes einrühren und aufkochen. Zugedeckt bei mittlerer Hitze ca. 4 Minuten garen.
4. Aprikosenspalten zur Curry-Pfanne geben und heiß werden lassen.

   Mit Mandel-Reis servieren.

Tipp

Geben Sie 2 EL Kokosraspel zum Curry.

Ein Tag für… Zartes Geflügel

Putengulasch mit Oliven

Für 2–3 Portionen

500 g Putengulasch
2 EL Keimöl
1 Packung (500 g) passierte Tomaten
1 Beutel KNORR Fix für Tomaten Bolognese
200 g Zucchini
2 EL grüne Oliven
2 EL schwarze Oliven
Zucker

Zubereitungszeit

ca. 45 Minuten

Pro Portion (1 von 3)

1907 kJ/457 kcal,
51 g E, 14 g F, 30 g KH

Tipp

Garnieren Sie das Putengulasch mit Petersilienblättchen und einem Stückchen Zitronenschale.

1. Putengulasch im heißen Öl rundherum anbraten. 200 ml kaltes Wasser zugießen und passierte Tomaten zufügen.

2. Beutelinhalt Fix für Tomaten Bolognese einrühren und aufkochen. Das Gulasch zugedeckt bei schwacher Hitze ca. 25 Minuten schmoren.

3. Zucchini putzen, waschen und in Scheiben schneiden. Oliven mit den Zucchinischeiben zum Gulasch geben und weitere 5 Minuten garen. Putengulasch mit etwas Zucker abschmecken.

Dazu schmecken Mini-Knödel.

Ein Tag für ... Zartes Geflügel

Honig-Hähnchen mit Gemüse

1. Das Hähnchen innen und außen waschen und trockentupfen.
2. Beutelinhalt Fix für knusprige Hähnchenschenkel mit Öl, Orangensaft und Honig verrühren und das Fleisch damit großzügig bestreichen. Hähnchen in einen Bräter setzen.
3. Kohlrabi und Möhren putzen, schälen und waschen. Gemüse in ca. 2 cm große Stücke schneiden und mit der verbliebenen Marinade mischen. Alles um das Fleisch verteilen.
4. Im vorgeheizten Backofen bei 200 °C (Umluft: 175 °C) 45–50 Minuten braten.

Dazu schmeckt Pilaw-Reis.

Für 4 Portionen

1 küchenfertiges Brathähnchen (ca. 1,2 kg)
1 Beutel KNORR Fix für knusprige Hähnchenschenkel
2 EL Keimöl
3 EL Orangensaft
3 EL Honig
500 g Kohlrabi
300 g Möhren

Zubereitungszeit

ca. 70 Minuten

Pro Portion

2180 kJ/520 kcal,
45 g E, 26 g F, 16 g KH

Ein Tag für ... Zartes Geflügel

Hähnchen süßsauer mit Korianderschmand

Für 2–3 Portionen

200 g Bandnudeln
Salz
1/2 Bund Koriander
Saft und Schale von
1/2 unbehandelten Limette
1 rote Chilischote
100 g Schmand
Pfeffer
200 g Hähnchenbrustfilet
2 EL Keimöl
1 Beutel KNORR Fix für Currywurst
100 g tiefgekühlte grüne Bohnen
20 g Cashewkerne

Zubereitungszeit

ca. 25 Minuten

Pro Portion (1 von 3)

2229 kJ/533 kcal,
27 g E, 21 g F, 57 g KH

1. Nudeln in reichlich kochendem Salzwasser nach Packungsanleitung bissfest garen. Koriander abspülen, trockenschütteln und fein hacken. Limette heiß waschen, Schale abreiben und den Saft auspressen. Chilischote halbieren, entkernen, waschen und in feine Streifen schneiden.

2. Schmand mit Koriander, Limettensaft, Limettenschale und Chilistreifen verrühren. Mit Salz und Pfeffer würzen. Hähnchenbrustfilet abspülen, trockentupfen, in ca. 2 cm große Stücke schneiden und im heißen Öl anbraten. Herausnehmen und warm stellen.

3. 200 ml kaltes Wasser in die Pfanne gießen, Beutelinhalt Fix für Currywurst einrühren und aufkochen. Tiefgekühlte Bohnen zugeben und bei mittlerer Hitze ca. 4 Minuten garen.

4. Fleisch und Nudeln untermischen und heiß werden lassen. Cashewkerne grob hacken und ebenfalls zufügen. Hähnchen auf Teller verteilen und mit Schmand servieren.

Ein Tag für ... Zartes Geflügel

Hähnchenkeulen mit Ananas-Chili

Für 4 Portionen

4 Hähnchenkeulen
Salz
Pfeffer
2–3 EL Keimöl
1 Ananas
1 Zwiebel
1–2 rote Chilischoten
400 g Tomatenstücke (Dose)
1 Beutel KNORR Fix für Tomaten Bolognese
1/2–1 TL Honig
1 Spritzer Zitronensaft

Zubereitungszeit

ca. 45 Minuten

Pro Portion

1973 kJ/473 kcal,
30 g E, 23 g F, 34 g KH

1. Hähnchenkeulen abspülen, trockentupfen, mit Salz und Pfeffer bestreuen und in 1–2 EL heißem Öl rundherum anbraten. Keulen im vorgeheizten Backofen bei 200 °C (Umluft: 175 °C) ca. 30 Minuten garen.

2. Ananas schälen, längs vierteln, Strunk entfernen und das Fruchtfleisch in Stücke schneiden. Zwiebel schälen und in kleine Würfel schneiden. Chilischoten halbieren, entkernen, waschen und klein schneiden.

3. Zwiebel im restlichen Öl andünsten, Ananasstücke und Chili zugeben und mitbraten. Tomatenstücke und 100 ml Wasser zugeben, Beutelinhalt Fix für Tomaten Bolognese einrühren und aufkochen. Bei schwacher Hitze 1–2 Minuten kochen.

4. Ananas-Chili mit Honig und Zitronensaft abschmecken und zu den Hähnchenkeulen servieren.

   Dazu passt Reis.

Tipp

Statt frischer Ananas können Sie auch Ananas aus der Dose nehmen.

Ein Tag für... Zartes Geflügel

Hähnchenbrust mit Gemüse-Speck-Kruste

1. Suppengrün putzen, waschen und in kleine Würfel schneiden. Speck ebenfalls fein würfeln. Gemüse und Speck in einer Pfanne im heißen Öl 4–5 Minuten dünsten.

2. Alles in eine Schüssel geben und mit Senf und geriebenem Käse mischen. Hähnchenbrustfilets abspülen, trockentupfen und in eine Auflaufform legen.

3. 300 ml kaltes Wasser in die Pfanne geben, Beutelinhalt Fix für Spaghetti Napoli einrühren und unter Rühren aufkochen. Anschließend über das Hähnchenfleisch gießen.

4. Gemüsemischung auf dem Fleisch verteilen und im vorgeheizten Backofen bei 200 °C (Umluft: 175 °C) ca. 30 Minuten backen.

Dazu schmecken Bratkartoffeln.

Für 3 Portionen

350 g Suppengrün
80 g Frühstücksspeck
1 EL Keimöl
2–3 TL mittelscharfer Senf
60 g geriebener Emmentaler
3 Hähnchenbrustfilets
(à 150 g)
1 Beutel KNORR Fix für Spaghetti Napoli

Zubereitungszeit

ca. 45 Minuten

Pro Portion

1591 kJ/382 kcal,
49 g E, 14 g F, 14 g KH

Ein Tag für… Zartes Geflügel

Hähnchenbrustfilet »Toscana«

Für 2–3 Portionen

125 g Mozzarella
3 Hähnchenbrustfilets
(à 150 g)
3 Scheiben roher Schinken
100 g Champignons
1 EL Olivenöl
50 ml Schlagsahne
oder RAMA Cremefine
zum Kochen
1 Beutel KNORR Fix für
Makkaroni al forno

Zubereitungszeit

ca. 45 Minuten

Pro Portion (1 von 3)

1875 kJ/448 kcal,
52 g E, 22 g F, 11 g KH

1. Mozzarella in 6 Scheiben schneiden. Hähnchenbrustfilets abspülen und trockentupfen. In jedes Filet eine Tasche schneiden, mit 2 Scheiben Mozzarella füllen und mit 1 Scheibe Schinken umwickeln.
2. Champignons putzen, vierteln und im heißen Öl braten. 1/4 l (250 ml) kaltes Wasser und Sahne zugießen, Beutelinhalt Fix für Makkaroni al forno einrühren und unter Rühren aufkochen.
3. Hähnchenbrustfilets in eine Auflaufform legen und die Sauce mit den Pilzen gleichmäßig darübergießen.
4. Im vorgeheizten Backofen bei 200 °C (Umluft: 175 °C) ca. 30 Minuten backen.

Ein Tag für … Zartes Geflügel

Ein Tag für...
Feines mit Fisch

Raffinierte Rezepte für Köstlichkeiten aus Fluss und Meer. Herrlich gesund und schnell serviert. So einfach bringen Sie Fisch zu Tisch.

Schollenröllchen auf Paprikakraut

Für 2–3 Portionen

6 kleine Schollenfilets
(à 80–100 g)
12 Scheiben durchwachsener Speck
1 rote Paprikaschote
400 g Weiß- oder Spitzkohl
2 EL Keimöl
1 EL Paprikapulver, edelsüß
100 ml Schlagsahne
oder RAMA Cremefine
zum Kochen
1 Beutel KNORR Fix für Ofen-Makkaroni alla mamma

Außerdem
Holzspießchen

Zubereitungszeit

ca. 35 Minuten

Pro Portion (1 von 3)

1671 kJ/400 kcal,
35 g E, 22 g F, 14 g KH

1. Die Schollenfilets waschen und trockentupfen. Jedes Filet längs halbieren und aufrollen. Jedes Schollenröllchen mit 1 Scheibe durchwachsenem Speck umwickeln und mit Holzspießchen feststecken.

2. Paprikaschote halbieren, entkernen, waschen und in Streifen schneiden. Den Kohl putzen, waschen und in feine Streifen schneiden oder hobeln. Das Gemüse in einer Pfanne im heißen Öl ca. 6 Minuten dünsten. Paprikapulver darüberstäuben und kurz mitdünsten.

3. 1/4 l (250 ml) kaltes Wasser und Sahne zufügen, Beutelinhalt Fix für Ofen-Makkaroni alla mamma einrühren und aufkochen.

4. Die Fischröllchen auf das Paprikakraut setzen und zugedeckt bei schwacher Hitze ca. 15 Minuten garen.

Seehechtfilet mit Gemüse-Chili

Für 2 Portionen

je 1 kleine gelbe und
rote Paprikaschote
1 Dose Gemüsemais
(Abtropfgewicht 140 g)
3 Frühlingszwiebeln
1 Beutel KNORR Fix für
Chili con Carne
300 g Seehecht- oder
Kabeljaufilet
Salz
Pfeffer
1/2 Bund Petersilie
3 EL Hartweizengrieß
2 EL Keimöl
1 unbehandelte Zitrone

Zubereitungszeit

ca. 35 Minuten

Pro Portion

1877 kJ/448 kcal,
34 g E, 17 g F, 38 g KH

1. Paprika halbieren, entkernen, waschen und würfeln. Mais abtropfen lassen. Frühlingszwiebeln waschen, putzen und in 3–4 cm lange Stücke schneiden.

2. 300 ml kaltes Wasser in einen Topf geben, Beutelinhalt Fix für Chili con Carne einrühren, aufkochen und die Paprikawürfel zugeben. Bei schwacher Hitze ca. 10 Minuten garen.

3. Fischfilet abspülen, trockentupfen und in große Stücke teilen. Mit Salz und Pfeffer würzen. Petersilie waschen, trockenschütteln, hacken und mit dem Grieß auf einem flachen Teller mischen. Fischstücke darin wenden und die Brösel fest andrücken.

4. Öl in einer beschichteten Pfanne erhitzen und die Fischstücke darin von jeder Seite ca. 2 Minuten knusprig braten.

5. Mais und Frühlingszwiebeln zu den Paprikawürfeln geben und 1 Minute kochen. Gemüse-Chili mit dem Fisch anrichten und mit Zitronenspalten garnieren.

Ein Tag für... Feines mit Fisch

Lachs-Spinat-Auflauf mit Kräuterrahm

Für 4 Portionen

800 g Kartoffeln
Salz
4 Lachsfilets (à 125 g)
1 TL Zitronensaft
Pfeffer
1 kleine Zwiebel
1 Knoblauchzehe
2 EL Pflanzencreme,
z.B. RAMA Culinesse
400 g tiefgekühlter
Blattspinat
100 ml Schlagsahne
oder RAMA Cremefine
zum Kochen
1 Beutel KNORR Fix für
Kräuter-Rahm-Schnitzel
1 EL körniger Senf

Zubereitungszeit

ca. 50 Minuten

Pro Portion

2253 kJ/540 kcal,
38 g E, 29 g F, 30 g KH

1. Kartoffeln waschen und in kochendem Salzwasser bissfest garen. Lachsfilets abspülen und trockentupfen. Mit Zitronensaft beträufeln, salzen und pfeffern.

2. Zwiebel und Knoblauch schälen, würfeln und in heißer Pflanzencreme andünsten. Spinat zufügen und auftauen. Mit Salz und Pfeffer würzen.

3. Schale der Kartoffeln abziehen, Kartoffeln in Scheiben schneiden und dachziegelartig in eine Auflaufform geben. Lachs und kleine Spinathäufchen auf die Kartoffelscheiben setzen.

4. 200 ml kaltes Wasser und Sahne in einen Topf geben. Fix für Kräuter-Rahm-Schnitzel einrühren und unter Rühren aufkochen. 1 Minute kochen lassen, anschließend die Sauce mit Senf verfeinern.

5. Die Sauce über dem Auflauf verteilen. Im vorgeheizten Backofen bei 200 °C (Umluft: 175 °C) ca. 30 Minuten backen.

Knuspriger Lachs-Gemüse-Auflauf

Für 4 Portionen

500 g Kartoffeln
200 g braune Champignons
1 Stange Lauch (Porree)
1 EL Keimöl
4 Lachsfilets (à 125 g)
1 Beutel KNORR Fix für Geschnetzeltes Züricher Art
1/8 l (125 ml) Milch
1/8 l (125 ml) Schlagsahne oder RAMA Cremefine zum Kochen
100 g geriebener Gratin-Käse
50 g geriebener Parmesan

Zubereitungszeit

ca. 60 Minuten

Pro Portion

2535 kJ/607 kcal,
43 g E, 36 g F, 28 g KH

Tipp

2 EL Meerrettich in die Sauce rühren, so bekommt der Auflauf eine angenehme Schärfe.

1. Kartoffeln waschen und ca. 20 Minuten vorkochen. Champignons putzen, in Scheiben schneiden. Lauch putzen, waschen und in Streifen schneiden. Gemüse in einer Pfanne im heißen Öl ca. 5 Minuten anbraten.

2. Kartoffeln abgießen und die Schale abziehen. Kartoffeln in ca. 1/2 cm dicke Scheiben schneiden.

3. Die Hälfte der Kartoffelscheiben in eine Auflaufform geben, Lachsfilets darauflegen und das Gemüse darüber verteilen. Mit restlichen Kartoffelscheiben belegen.

4. Beutelinhalt Fix für Geschnetzeltes Züricher Art mit Milch und Sahne verrühren und über die Zutaten geben. Mit beiden Käsesorten bestreuen und im vorgeheizten Backofen bei 200 °C (Umluft: 175 °C) ca. 30 Minuten backen.

Ein Tag für … Feines mit Fisch

Dorsch auf Spitzkohl mit Senfsauce

Für 4 Portionen

1 Zwiebel
1–2 EL Pflanzencreme, z.B. RAMA Culinesse
1 kleiner Spitzkohl (ca. 800 g)
1 TL KNORR Gemüse-Bouillon
600 g Dorschfilet mit Haut
Salz
Pfeffer
1 Beutel KNORR Fix für Lachs-Sahne-Gratin
1/8 l (125 ml) Schlagsahne oder RAMA Cremefine zum Kochen
1/2 Bund Dill
1 Tomate
1–2 EL körniger Senf

Zubereitungszeit

ca. 45 Minuten

Pro Portion

1387 kJ/333 kcal,
32 g E, 17 g F, 11 g KH

1. Zwiebel schälen, fein würfeln und in heißer Pflanzencreme andünsten. Spitzkohl putzen, waschen, in breite Streifen schneiden und kurz mitdünsten.

2. 100 ml Wasser dazugießen, Gemüse-Bouillon einrühren und alles zugedeckt bei schwacher Hitze ca. 10 Minuten dünsten.

3. Den Fisch in Portionsstücke schneiden, salzen, pfeffern und in eine Auflaufform legen. Im vorgeheizten Backofen bei 200 °C (Umluft: 175 °C) 10–12 Minuten garen.

4. Beutelinhalt Fix für Lachs-Sahne-Gratin in 1/8 l (125 ml) Wasser und Sahne einrühren und kurz aufkochen. Dill waschen, trockenschütteln und hacken. Tomate waschen und würfeln.

5. Dill und Tomatenwürfel in die Sauce geben. Mit Senf, Salz und Pfeffer abschmecken. Dorsch mit Spitzkohl und Senfsauce auf Tellern anrichten.

Dazu Röstkartoffeln servieren.

Kräuterlachs mit Speck auf Paprikagemüse

Für 3 Portionen

500 g gelbe und rote Paprikaschoten
1 Beutel KNORR Fix für Makkaroni al forno
4 Zweige Thymian
3 Lachsfilets (à 150 g)
3 Scheiben magerer Frühstücksspeck

Zubereitungszeit

ca. 45 Minuten

Pro Portion

1315 kJ/315 kcal,
30 g E, 11 g F, 21 g KH

1. Paprikaschoten halbieren, entkernen, waschen und in Streifen schneiden. Paprikastreifen in eine Auflaufform geben.
2. Beutelinhalt Fix für Makkaroni al forno in 500 ml kaltes Wasser einrühren und über die Paprikastreifen gießen.
3. Thymian waschen, trockenschütteln und die Blättchen abzupfen. Lachsfilets mit Thymianblättchen bestreuen und mit je 1 Scheibe Frühstücksspeck umwickeln.
4. Die Lachsfilets auf das Paprikagemüse setzen und im vorgeheizten Backofen bei 200 °C (Umluft: 175 °C) ca. 30 Minuten backen.

Dazu schmecken gebratene Gnocchi.

Ein Tag für... Feines mit Fisch

Gebratener Zander auf Rahmwirsing

Für 4 Portionen

500 g Wirsing
50 g durchwachsener Speck
150 ml Schlagsahne oder RAMA Cremefine zum Kochen
1 Beutel KNORR Fix für Lachs-Sahne-Gratin
weißer Pfeffer, Salz
je 1 Prise gemahlene Muskatnuss und Kümmel
4 Zanderfilets (à ca. 180 g)
1 EL Zitronensaft
1 EL Keimöl
1 Zweig Dill und Zitronenscheiben zum Garnieren

Zubereitungszeit

ca. 45 Minuten

Pro Portion

1455 kJ/349 kcal,
41 g E, 17 g F, 9 g KH

Tipp

Der Rahmwirsing lässt sich gut vorbereiten.

1. Wirsing putzen, dabei die äußeren Blätter entfernen. Vierteln und den Strunk herausschneiden und waschen.

2. Wirsing in feine Streifen schneiden und in kochendem Wasser ca. 3 Minuten garen. Abgießen, kalt abschrecken und gut abtropfen lassen.

3. Speck in Streifen schneiden und in einem weiten Topf knusprig anbraten. 100 ml Wasser und Sahne zugießen, Beutelinhalt Fix für Lachs-Sahne-Gratin einrühren und aufkochen. Wirsing dazugeben und 3–5 Minuten kochen. Mit Pfeffer, Salz, Muskat und Kümmel abschmecken.

4. Zanderfilets mit Zitronensaft beträufeln, salzen und pfeffern. Im heißen Öl bei schwacher bis mittlerer Hitze von jeder Seite ca. 3 Minuten braten. Zander auf dem Wirsing anrichten. Mit Dill und Zitronenscheiben garnieren.

Dazu passt eine Wildreismischung.

Ein Tag für ... Feines mit Fisch

Fischfilet mit cremiger Sauce Napoli

1. Bandnudeln in reichlich kochendem Salzwasser nach Packungsanleitung bissfest garen, in einem Sieb abgießen und abtropfen lassen.

2. Fischfilet in Portionsstücke schneiden, mit Zitronensaft beträufeln, mit Salz und Pfeffer würzen und in einer Pfanne im heißen Öl goldbraun braten. Filets herausnehmen und warm stellen.

3. 1/2 l (500 ml) kaltes Wasser in die Pfanne gießen. Inhalt beider Beutel Fix für Spaghetti Napoli einrühren und unter Rühren aufkochen. Sahne unterrühren.

4. Die Fischstücke zusammen mit der Sauce und den abgetropften Nudeln auf Tellern anrichten.

Für 3–4 Portionen

250 g grüne Bandnudeln, Salz
600 g Fischfilet,
z.B. Rotbarsch oder Seelachs
1 EL Zitronensaft
weißer Pfeffer
2 EL Olivenöl
2 Beutel KNORR Fix für
Spaghetti Napoli
2–3 EL Schlagsahne
oder RAMA Cremefine
zum Kochen

Zubereitungszeit

ca. 35 Minuten

Pro Portion (1 von 4)

2915 kJ/695 kcal,
51 g E, 20 g F, 75 g KH

Seelachs in Tomatensugo

Für 2–3 Portionen

250 g kleine Champignons
100 g Frühstücksspeck
in Scheiben
200 g Cocktailtomaten
1 EL Olivenöl
Salz
Pfeffer
1 Beutel KNORR Fix für
Spaghetti Napoli
1/4 TL gehackter Rosmarin
300 g Seelachsfilet
1 Rosmarinzweig
zum Garnieren

Zubereitungszeit

ca. 45 Minuten

Pro Portion (1 von 3)

909 kJ / 217 kcal,
26 g E, 7 g F, 9 g KH

1. Champignons putzen und halbieren. Speck in Stücke schneiden. Tomaten waschen und vierteln. Pilze in einer Pfanne im heißen Öl braten, salzen, pfeffern und herausnehmen. Speck im verbliebenen Bratfett knusprig anbraten und herausnehmen.

2. 1/4 l (250 ml) kaltes Wasser in die Pfanne geben, Beutelinhalt Fix für Spaghetti Napoli einrühren und aufkochen. Tomatenviertel und Rosmarin zufügen und etwas einkochen lassen.

3. Sauce in eine Auflaufform geben. Fischfilets trockentupfen, pfeffern und auf die Sauce legen. Speck und Champignons darüber verteilen.

4. Im vorgeheizten Backofen bei 200 °C (Umluft: 175 °C) ca. 15 Minuten backen, bis die Filets gar sind. Mit Rosmarin garnieren.

Dazu Makkaroni servieren.

Pfefferlachs mit Pilznudeln

Für 2 Portionen

200 g Tagliatelle-Nudeln
Salz
150 g Champignons
2 Lachsfilets (à 125 g)
1 EL Zitronensaft
1–2 EL grob geschroteter schwarzer Pfeffer
1 EL Olivenöl
1 Beutel KNORR Fix für Rahm-Champignons
frischer Dill zum Garnieren

Zubereitungszeit

ca. 20 Minuten

Pro Portion

2845 kJ/681 kcal,
39 g E, 21 g F, 83 g KH

1. Nudeln in reichlich kochendem Salzwasser nach Packungsanleitung bissfest garen. Pilze putzen und in Scheiben schneiden.
2. Lachsfilets waschen, trockentupfen und mit Zitronensaft und Salz würzen. Pfeffer auf einen flachen Teller geben und nach Belieben eine oder beide Seiten der Lachsfilets hineindrücken.
3. Öl in einer beschichteten Pfanne erhitzen und den Fisch bei mittlerer Hitze von jeder Seite ca. 4 Minuten braten. Herausnehmen und warm stellen.
4. Pilze im verbliebenen Bratfett dünsten. 1/4 l (250 ml) Wasser zufügen, Beutelinhalt Fix für Rahm-Champignons einrühren und aufkochen. Bei schwacher Hitze 1 Minute garen. Die Nudeln in einem Sieb abgießen und abtropfen lassen. Nudeln unter die Sauce mischen.
5. Pilznudeln mit dem Pfefferlachs auf Tellern anrichten und mit Dill garnieren.

Ein Tag für ... Feines mit Fisch

Fischpäckchen mit Gemüse und Oliven

Für 4 Portionen

600 g mittelgroße Pellkartoffeln
400 g Tomaten
1 Beutel KNORR Fix für knusprige Hähnchenschenkel
4 EL Keimöl
4 Lachsfilets (à 125 g)
1/2 unbehandelte Zitrone
2 EL schwarze Oliven ohne Stein

Zubereitungszeit

ca. 30 Minuten

Pro Portion

1438 kJ/344 kcal,
27 g E, 13 g F, 27 g KH

Tipp

Statt Lachsfilet geschälte Garnelenschwänze verwenden.

1. Pellkartoffeln schälen und in Scheiben schneiden. Tomaten waschen, Stielansätze entfernen und das Fruchtfleisch in Scheiben schneiden.
2. Beutelinhalt Fix für knusprige Hähnchenschenkel mit Öl verrühren. Lachsfilets waschen, trockentupfen und dünn mit der Marinade bestreichen.
3. Restliche Marinade vorsichtig mit den Kartoffel- und Tomatenscheiben mischen. Gemüse auf 4 große Bögen Alufolie verteilen. Jeweils ein Fischfilet daraufsetzen.
4. Zitrone waschen und in dünne Scheiben schneiden. Oliven und Zitronenscheiben über den Fisch geben und anschließend die Alufolie wie ein Bonbon verschließen.
5. Fischpäckchen nebeneinander auf ein Backblech legen und im vorgeheizten Backofen bei 225 °C (Umluft: 200 °C) ca. 20 Minuten garen.

Dazu passt Kräuter-Mayonnaise.

Knoblauchgarnelen in Rahmsauce

Für 2–3 Portionen

1 Beutel KNORR Fix für Lachs-Sahne-Gratin
50 g Crème fraîche
1 große Tomate
8–10 Basilikumblätter
1 EL Olivenöl
250 g Riesengarnelen (küchenfertig)
grober Pfeffer
1 Knoblauchzehe

Zubereitungszeit

ca. 20 Minuten

Pro Portion (1 von 3)

986 kJ/235 kcal,
18 g E, 14 g F, 8 g KH

1. Beutelinhalt Fix für Lachs-Sahne-Gratin in 200 ml kaltes Wasser einrühren. Crème fraîche dazugeben und unter Rühren aufkochen. Die Sauce 1 Minute kochen lassen.

2. Tomate waschen, in kleine Würfel schneiden, zur Sauce geben und darin erwärmen. Basilikumblätter waschen, trockentupfen, hacken und ebenfalls zu der Sauce geben.

3. Öl in einer beschichteten Pfanne erhitzen, Riesengarnelen darin 3–5 Minuten scharf anbraten und mit grobem Pfeffer bestreuen. Knoblauch schälen und dazupressen.

4. Garnelen mit der Rahmsauce servieren.

   Dazu schmecken Bandnudeln.

Ein Tag für … Feines mit Fisch

Fischstäbchen auf saftigem Gemüsereis

1. Tiefgekühlte Fischstäbchen in einer beschichteten Pfanne im heißen Öl knusprig braten und herausnehmen.

2. Tomaten waschen und in kleine Würfel schneiden. Frühlingszwiebeln waschen, putzen und in Ringe schneiden. Mais abtropfen lassen. Zwiebelringe und Mais im verbliebenen Bratfett andünsten.

3. 1/2 l (500 ml) kaltes Wasser zugießen, Beutelinhalt Fix für Nudel-Hackfleisch-Gratin einrühren und unter Rühren aufkochen. Expressreis und die Tomatenwürfel untermischen. Mit Pfeffer würzen.

4. Gemüsereis in eine flache Auflaufform geben. Die gebratenen Fischstäbchen daraufsetzen und mit Käse bestreuen. Im vorgeheizten Backofen bei 200 °C (Umluft: 175 °C) ca. 20 Minuten überbacken.

Für 3 Portionen

10 tiefgekühlte Fischstäbchen
2 EL Keimöl
2 Tomaten
1–2 Frühlingszwiebeln
1 kleine Dose Mais (Abtropfgewicht 140 g)
1 Beutel KNORR Fix für Nudel-Hackfleisch-Gratin
250 g Expressreis
Pfeffer
50 g geriebener Käse, z. B. Emmentaler

Zubereitungszeit

ca. 35 Minuten

Pro Portion

2218 kJ/530 kcal,
24 g E, 21 g F, 60 g KH

Ein Tag für … Feines mit Fisch

Rotbarsch mit Kartoffelschuppen

Für 4 Portionen

1 kleine Dose Mais (Abtropfgewicht 140 g)
4 Frühlingszwiebeln
1 Tomate (ca. 150 g)
3 EL Keimöl
200 g Risotto-Reis
1 Beutel KNORR Fix für Broccoli-Gratin
1 TL KNORR Gemüse-Bouillon
4 Rotbarschfilets (à 150 g)
Salz
weißer Pfeffer
1 festkochende Kartoffel (ca. 150 g)

Zubereitungszeit

ca. 40 Minuten

Pro Portion

2221 kJ/531 kcal,
35 g E, 18 g F, 56 g KH

Tipp

Gemüsestücke und Schnittlauch so auf die Fischfilets legen, dass Mund, Augen und Flossen gestaltet werden.

1. Mais abtropfen lassen. Frühlingszwiebeln waschen, putzen und in Ringe schneiden. Tomaten waschen und in Streifen schneiden.

2. 1 EL Öl in einem Topf erhitzen. Reis zufügen und kurz andünsten. Beutelinhalt Fix für Broccoli-Gratin in 800 ml kaltes Wasser einrühren, zum Reis geben und unter Rühren aufkochen. Gemüse-Bouillon zufügen. Reis zugedeckt bei schwacher Hitze ca. 20 Minuten garen. Ab und zu umrühren.

3. Fischfilets salzen und pfeffern. Kartoffel schälen, in Scheiben hobeln und den Fisch schuppenartig damit belegen. Kartoffeln mit einem Küchentuch vorsichtig festdrücken.

4. Restliches Öl in einer beschichteten Pfanne erhitzen. Filets mit der Schuppenseite nach unten hineinlegen und bei schwacher Hitze knusprig braten. Wenden, salzen und langsam fertig braten. Gemüse zum Risotto geben und heiß werden lassen. Mit Salz und Pfeffer abschmecken. Fischfilets auf Gemüse-Risotto servieren.

Besonders günstig!

Piratenspieße mit Fischstäbchen

Für 2–3 Portionen

6 Fischstäbchen
100 g Champignons
50 g Fingermöhrchen (Glas)
2 EL Keimöl
50 ml Schlagsahne
oder RAMA Cremefine
zum Kochen
1 Beutel KNORR Fix für
Kräuter-Rahm-Schnitzel
1–2 EL gehackte Petersilie

Außerdem
6 lange Holzspieße

Zubereitungszeit
ca. 30 Minuten

Pro Portion (1 von 3)
978 kJ/234 kcal,
9 g E, 17 g F, 12 g KH

1. Fischstäbchen antauen lassen und halbieren. Champignons putzen, eventuell kurz waschen und trockenreiben. Fingermöhrchen in einem Sieb abgießen und abtropfen lassen.

2. Möhren, Champignons und Fischstäbchen abwechselnd auf Holzspieße stecken und in einer beschichteten Pfanne im heißen Öl bei mittlerer Hitze rundherum braten. Herausnehmen und warm stellen.

3. 1/4 l (250 ml) kaltes Wasser und Sahne in die Pfanne geben. Beutelinhalt Fix für Kräuter-Rahm-Schnitzel einrühren und aufkochen lassen. Petersilie unterrühren und zu den Spießen servieren.

Mediterrane Überraschungspäckchen

1. Zucchini putzen und waschen, Möhre schälen. Das Gemüse in dünne Streifen schneiden.

2. Spaghetti in reichlich kochendem Salzwasser nach Packungsanleitung bissfest garen. 1 Minute vor Ende der Garzeit Gemüsestreifen zugeben. In einem Sieb abgießen und kalt abschrecken.

3. Inhalt beider Beutel Fix für Tomaten Bolognese in 550 ml kaltes Wasser einrühren und aufkochen. Sauce mit Gemüse-Spaghetti mischen und portionsweise auf 4 große Alubögen verteilen.

4. Lachsfilets trockentupfen, mit Salz, Pfeffer und Zitronensaft würzen. Fisch auf die Nudeln setzen. Basilikum waschen, trockenschütteln und die Blättchen abzupfen. Großzügig über dem Fisch verteilen.

5. Alufolie luftdicht verschließen und die Päckchen nebeneinander auf ein Backblech setzen. Im vorgeheizten Backofen bei 200 °C (Umluft: 175 °C) 15–20 Minuten garen.

Für 4 Portionen

200 g Zucchini
1 große Möhre (ca. 200 g)
180 g Spaghetti
Salz
2 Beutel KNORR Fix für Tomaten Bolognese
4 Lachsfilets (à 150 g)
Pfeffer
4 EL Zitronensaft
1 Bund Basilikum

Außerdem
Alufolie

Zubereitungszeit

ca. 45 Minuten

Pro Portion

2557 kJ/610 kcal,
49 g E, 17 g F, 64 g KH

Ein Tag für ... Feines mit Fisch

Bunter Seelachs-Paprika-Topf

Für 2–3 Portionen

je 1 rote und gelbe Paprikaschote
1 Knoblauchzehe
1 EL Olivenöl
1 Dose Tomatenstücke (400 g)
1 Beutel KNORR Fix für Bauern-Topf mit Hackfleisch
350 g Seelachsfilet
1 TL Zitronensaft
Salz, Pfeffer
100 ml trockener Weißwein
1 Stiel Basilikum

Zubereitungszeit

ca. 30 Minuten

Pro Portion (1 von 3)

951 kJ/228 kcal,
25 g E, 6 g F, 11 g KH

1. Paprikaschoten halbieren, entkernen, waschen und in Streifen schneiden. Knoblauchzehe schälen und fein hacken.

2. Paprikastreifen und Knoblauch im heißen Öl andünsten. Tomatenstücke zugeben, Beutelinhalt Fix für Bauern-Topf mit Hackfleisch einrühren und ca. 10 Minuten garen.

3. Seelachsfilet in ca. 2 cm große Würfel schneiden. Mit Zitronensaft beträufeln, mit Salz und Pfeffer bestreuen. Weißwein und Fischwürfel zum Paprika-Topf geben. Bei schwacher Hitze ca. 7 Minuten garen.

4. Basilikum waschen, trockenschütteln, die Blätter abzupfen und den Seelachs-Paprika-Topf damit garnieren.

Dazu Ciabattabrot oder Baguette reichen.

Seeteufelmedaillons alla mamma

Für 4 Portionen

4 Seeteufelmedaillons (à 180 g)
Salz
2 EL Zitronensaft
4 dünne Scheiben Frühstücksspeck
4 kleine Zweige Rosmarin
100 g Schalotten
250 g Cocktailtomaten
1 EL Olivenöl
100 ml Weißwein
1 Beutel KNORR Fix für Ofen-Makkaroni alla mamma
je 50 g schwarze und grüne Oliven (Glas)

Zubereitungszeit

ca. 40 Minuten

Pro Portion

1256 kJ/300 kcal,
31 g E, 12 g F, 11 g KH

1. Fischmedaillons mit Salz und Zitronensaft würzen und mit je 1 Scheibe Frühstücksspeck umwickeln. Je 1 Rosmarinzweig dazustecken.

2. Die Schalotten schälen und fein würfeln. Cocktailtomaten waschen und halbieren.

3. Öl in einer Pfanne erhitzen, Schalottenwürfel zufügen und glasig dünsten. 350 ml kaltes Wasser und Weißwein zugießen, Beutelinhalt Fix für Ofen-Makkaroni alla mamma einrühren und unter Rühren aufkochen.

4. Sauce in eine Auflaufform gießen und die Fischmedaillons hineinsetzen. Oliven abtropfen lassen und mit den Tomaten dazugeben. Alles im vorgeheizten Backofen bei 200 °C (Umluft: 175 °C) ca. 25 Minuten garen.

Dazu schmecken kleine gebratene Kartoffeln.

Ein Tag für... Feines mit Fisch

Riesengarnelen in Kokos mit Zucchini

1. Zucchini waschen, trockenreiben und in Scheiben schneiden. Knoblauchzehe schälen. Chilischote halbieren, entkernen und waschen. Beides fein hacken.

2. Riesengarnelen im heißen Öl anbraten. Zucchini, Knoblauch und Chili dazugeben und kurz mitbraten.

3. Kokosmilch und 100 ml Wasser dazugießen, Beutelinhalt Fix für Spaghetti Napoli einrühren und unter Rühren aufkochen. Bei schwacher Hitze ca. 3 Minuten garen. Mit etwas Limettensaft, Salz und Pfeffer abschmecken. Nach Belieben mit Limettenscheiben und Korianderblättern garnieren.

Dazu passt Basmati-Reis.

Für 2–3 Portionen

250 kleine Zucchini
1 Knoblauchzehe
1 rote Chilischote
250 g Riesengarnelen (roh, geschält)
2 EL Olivenöl
200 ml ungesüßte Kokosmilch (Dose)
1 Beutel KNORR Fix für Spaghetti Napoli
Limettensaft
Salz
Pfeffer
Limettenscheiben und Korianderblätter nach Belieben

Zubereitungszeit

ca. 20 Minuten

Pro Portion (1 von 3)

1168 kJ/265 kcal,
21 g E, 12 g F, 18 g KH

Ein Tag für... Feines mit Fisch

Zanderfilets mit Zucchini-Möhren-Nudeln

Für 2 Portionen

150 g Bandnudeln
Salz
150 g Möhren
150 g Zucchini
1 Zwiebel
3 EL Keimöl
2 Zanderfilets mit Haut
(à 150 g)
weißer Pfeffer
2–3 EL Zitronensaft
Mehl zum Bestäuben
1 Beutel KNORR Fix für
Lachs-Sahne-Gratin
grob geschroteter Pfeffer
Schnittlauchröllchen
zum Bestreuen

Zubereitungszeit

ca. 30 Minuten

Pro Portion

3234 kJ/773 kcal,
46 g E, 32 g F, 73 g KH

1. Nudeln in reichlich kochendem Salzwasser nach Packungsanleitung bissfest garen. Möhren schälen, Zucchini waschen. Beides mit einem Sparschäler in lange, dünne Scheiben schneiden.
2. Zwiebel schälen, würfeln und in 1 EL heißem Öl andünsten. Möhren- und Zucchinischeiben zugeben und 5 Minuten garen.
3. Die Hautseiten der Fischfilets mehrmals schräg einschneiden und mit Salz, Pfeffer und 1 EL Zitronensaft würzen. Restliches Öl in einer beschichteten Pfanne erhitzen.
4. Filets dünn mit Mehl bestäuben und mit der Hautseite nach unten im heißen Fett von jeder Seite 5 Minuten braten. Warm stellen.
5. 250 ml Wasser zum Gemüse gießen und aufkochen. Beutelinhalt Fix für Lachs-Sahne-Gratin einrühren, Nudeln unterheben und mit restlichem Zitronensaft und Salz würzen. Gemüse-Nudeln und Filets anrichten. Mit Pfeffer und Schnittlauch bestreuen.

Ein Tag für ... Feines mit Fisch

Rezeptregister
... alphabetisch

A
Antipasti-Salat mit Tortiglioni 135
Apfel-Speck-Buletten auf Bohnengemüse 41
Asia-Mettbällchen mit Mangosauce 45
Auberginenpäckchen, gefüllte 120

B
Bandnudeln mit Paprika-Hackbällchen 23
Bandnudeln mit Tomaten-Speck-Sahne 16
Bärlauch-Hähnchen mit Champignons 144
Berliner Buletten mit Apfel und Zwiebel 47
Blumenkohl auf Tomatencreme 129
Blumenkohl-Gratin mit Schinken 113
Boeuf Stroganoff mit frischen Pilzen 91
Bohnen Bolognese mit Rosmarin-Feta 117
Bolognese mit Basilikum, grüne 11
Broccoli-Pilz-Pfanne mit Speck 132
Broccoli-Quiche mit Schinken 95
Bulettenspieße im Gemüsebett 40
Buletten, Berliner, mit Apfel und Zwiebel 47
Bunter Seelachs-Paprika-Topf 178
Buntes Gemüse-Chili 136
Burgunderbraten mit Wacholder 74

C
Chili con carne speziale 32
Chips-Auflauf alla mamma 38
Coq au vin - Huhn in Rotweinsauce 146
Cordon bleu aus dem Ofen 67

D
Dorsch auf Spitzkohl mit Senfsauce 166

F
»Falscher Hase« - Klassischer Hackbraten 34
Fischfilet mit cremiger Sauce Napoli 169
Fischpäckchen mit Gemüse und Oliven 172
Fischstäbchen auf saftigem Gemüsereis 174
Fruchtiges Hähnchenragout 152

G
Gebackener Ricotta mit Champignons 104
Gebratener Zander auf Rahmwirsing 168
Geflügelpfanne mit Erdnüssen 150
Gefüllte Auberginenpäckchen 120
Gefüllte Gurken mit Paprikarahm 137
Gefüllte Kartoffeln mit Shrimps 122
Gefüllte Ofentomaten 128
Gefüllte Paprikaschoten 37
Gefüllte Putenröllchen 148
Gefüllte Schweinekoteletts 57
Gefüllter Schweinebraten 83
Gemüse vom Blech, mediterranes 134
Gemüse-Chili, buntes 136
Gemüse-Hack-Auflauf, mediterraner 42
Gemüseragout mit Mini-Hackbällchen 36
Gemüsetopf mit Oliven 133
Gerollte Schnitzel in Zitronen-Kräuter-Sauce 65
Geschnetzeltes in Sellerie-Kräuter-Rahm 66
Gnocchi mit Pilzragout und Rucola 116
Gnocchi-Gratin mit Schnitzelstreifen 63

Gratinierte Schweinemedaillons mit Spinat 98
Griechische Tomatensuppe 131
Grüne Bolognese mit Basilikum 11
Gurken mit Paprikarahm, gefüllte 137

H

Hackbällchen mit Kichererbsen 46
Hackbraten Mexiko mit feuriger Salsa 35
Hackfleisch-Broccoli-Auflauf mit Curry 100
Hackfleisch-Pfanne mit Zucchini und Pilzen 31
Hacksteaks mit Tomaten-Käse-Füllung 33
Hähnchen süßsauer mit Korianderschmand 156
Hähnchen-Curry-Pfanne mit Aprikosen 153
Hähnchen-Rucola-Topf mit Paprika 147
Hähnchen-Curry mit Blattspinat 145
Hähnchenbrust mit Gemüse-Speck-Kruste 158
Hähnchenbrust unter der Haube 111
Hähnchenbrustfilet »Toscana« 159
Hähnchenkeulen mit Ananas-Chili 157
Hähnchenkeulen, katalanische 140
Hähnchenragout, fruchtiges 152
Herzhafte Spaghetti-Pfanne 21
Honig-Hähnchen mit Gemüse 155
Hot Tacos mit Mais-Hack-Füllung 39
Huhn in Rotweinsauce - Coq au vin 146

K

Kalbsschnitzel alla saltimbocca 61
Kalbsschnitzel in Knoblauchsauce 55

Kaninchen mit Thymiansauce 78
Kartoffel-Hack-Auflauf nach Bauernart 30
Kartoffel-Hack-Pfanne mit Bergkäse 44
Kartoffel-Jägerpfanne mit Lauch und Pilzen 60
Kartoffeln, gefüllte, mit Shrimps 122
Katalanische Hähnchenkeulen 140
Klassischer Hackbraten - Falscher Hase 34
Knoblauchgarnelen in Rahmsauce 173
Knödelauflauf mit Hackfleischsauce 99
Knuspriger Lachs-Gemüse-Auflauf 165
Koteletts nach Gutsherrenart 68
Kräuterlachs mit Speck auf Paprikagemüse 167

L

Lachs-Gemüse-Auflauf, knuspriger 165
Lachs-Kartoffel-Gratin mit Olivenkruste 109
Lachs-Spinat-Auflauf mit Kräuterrahm 164
Lammfilets, marinierte, mit Gemüse 79
Lasagne mit Mais und Bohnen 43
Lasagne, saftige, mit Tomaten 110
Leberkäseröllchen mit Frühlingszwiebeln 105
Linsenküchlein mit Gurken-Dip 127

M

Makkaroni mit Hackfleischsauce 22
Makkaroni mit zweierlei Bohnen 12
Marinierte Lammfilets mit Gemüse 79
Mediterrane Nudeltörtchen 94
Mediterrane Überraschungspäckchen 177
Mediterraner Gemüse-Hack-Auflauf 42

183

>>> Rezeptregister
... alphabetisch

Mediterranes Gemüse vom Blech 134
Mettbällchen mit Mangosauce 45

N
Nackenbraten in Zwiebel-Pfeffer-Sauce 73
Nudel-Gratin mit Kasseler und Erbsen 112
Nudel-Spargel-Auflauf mit Schinken 108
Nudeltörtchen, mediterrane 94

O
Ofenfrikassee mit Spargel und Erbsen 85
Ofenhähnchen im Speckmantel 149
Ofentomaten, gefüllte 128
Ofenschnitzel mit Champignons 64
Ossobucco alla siziliana 81

P
Parmesanschnitzel auf Lauchgemüse 62
Pasta mit Linsen und Putenstreifen 18
Pasta mit Räucherlachs 26
Pasta mit Scampi und Artischocken 13
Pasta Parma mit Frühlingszwiebeln 9
Penne all'arrabbiata mit Knoblauch und Chili 20
Penne mit Rinderfilet und Knoblauchsugo 25
Pfefferlachs mit Pilznudeln 171
Pikante Pute mit Mais und Bohnen 151
Pilz-Quiche mit Schnittlauchschaum 125
Piratenspieße mit Fischstäbchen 176
Pizzarolle mit Hackfüllung 102

Puszta-Pasta mit Kabanossi 17
Pute, pikante, mit Mais und Bohnen 151
Puten-Mais-Pfanne in Kokossauce 142
Putenschmorbraten mit Pflaumen-Senf-Sauce 84
Putenfrikassee in Apfel-Broccoli-Sauce 143
Putengulasch mit Oliven 154
Putenröllchen, gefüllte 148

R
Rahm-Kartoffeln mit Speck 123
Rahmschwammerln mit Semmelknödeln 87
Ricotta, gebackener, mit Champignons 104
Riesengarnelen in Kokos mit Zucchini 180
Rinderbraten auf provenzalische Art 80
Rindergulasch mit Preiselbeeren 88
Rinderschmorbraten mit Paprika und Zwiebeln 89
Rollbraten, würziger, mit Apfelweinsauce 76
Rotbarsch mit Kartoffelschuppen 175
Rotkohlwickel mit Steinpilz-Hack-Füllung 126
Rustikale Spätzle-Pfanne 14

S
Saftige Lasagne mit Tomaten 110
Sahnenudeln mit Hähnchenfilet 19
Schinkenfleckerln mit Tomatensauce 103
Schnitzel mediterran mit Tomatensugo 54
Schnitzel, gerollte, in Zitronen-Kräuter-Sauce 65
Schnitzelröllchen mit Schafskäsefüllung 69
Schnitzeltaschen mit Basilikumfüllung 53
Schnitzeltaschen auf Sauce Napoli 58

Schollenröllchen auf Paprikakraut 162
Schweinebraten, gefüllter 83
Schweinefilet mit Nusskruste 90
Schweinegulasch mit Zwiebeln und Gurke 72
Schweinekoteletts, gefüllte 57
Schweinemedaillons mit Shiitakepilzen 75
Schweinemedaillons, gratinierte,
mit Spinat 98
Schweinerollbraten mit
Oliven-Ciabatta-Füllung 77
Seebarsch-Nudel-Auflauf mit Mozzarella 96
Seehechtfilet mit Gemüse-Chili 163
Seelachs in Tomatensugo 170
Seelachs-Paprika-Topf, bunter 178
Senf-Sauerbraten mit Pastinakenpüree 82
Sesamschnitzelchen mit Kartoffelsalat 52
Seeteufelmedaillons alla mamma 179
Spaghetti alla puttanesca 8
Spaghetti frutti di mare 27
Spaghetti-Pfanne, herzhafte 21
Spätzle-Gratin mit Blumenkohl 121
Spätzle-Pfanne, rustikale 14
Speckschnitzel auf Apfelkraut 59
Spirelli-Pfanne mit Käsekrainer 15
Spitzkohl-Hackfleisch-Kuchen vom
Blech 106
Spitzkohl-Lasagne mit Kümmel 124

T

Tomaten-Hack-Suppe mit Rucola 49
Tortellini auf der Erbse 24

Tortelloni auf Steinpilzsauce 10
Toskanischer Weißkohlauflauf 119

U

Überbackene Würzbissen mit Mozzarella 107
Überraschungspäckchen, mediterrane 177

W

Waldpilz-Gratin mit Kartoffeln 97
Weißkohlauflauf, toskanischer 119
Wirsing-Gratin mit Hackbällchen 48
Wirsing-Pilz-Topf mit Kochwurst 130
Wirsingrouladen mit Brät und Kümmel 86
Würzbissen, überbackene, mit Mozzarella 107
Würziger Rollbraten mit Apfelweinsauce 76

Z

Zander auf Rahmwirsing, gebratener 168
Zander mit Zucchini-Möhren-Nudeln 181
Zigeunerschnitzel mit scharfer Sauce 56
Zitronen-Hähnchen mit Kartoffeln 141
Zucchini alla ratatouille 118
Zucchini-Feta-Gratin mit Tomaten-
stückchen 101

Rezeptregister

... nach Produkten

KNORR Fix für Bauern-Topf mit Hackfleisch
Bunter Seelachs-Paprika-Topf 178
Herzhafte Spaghetti-Pfanne 21
Kartoffel-Hack-Auflauf nach Bauernart 30
Ofenschnitzel mit Champignons 64

KNORR Fix für Broccoli-Gratin
Gefüllte Kartoffeln mit Shrimps 122
Hähnchen-Rucola-Topf mit Paprika 147
Lachs-Kartoffel-Gratin mit Olivenkruste 109
Rotbarsch mit Kartoffelschuppen 175

KNORR Fix für Chili con Carne
Buntes Gemüse-Chili 136
Hot Tacos mit Mais-Hack-Füllung 39
Pikante Pute mit Mais und Bohnen 151
Seehechtfilet mit Gemüse-Chili 163
Toskanischer Weißkohlauflauf 119

KNORR Fix für Currywurst
Asia-Mettbällchen mit Mangosauce 45
Hähnchen süßsauer mit Korianderschmand 156

KNORR Fix für Geschnetzeltes Züricher Art
Bulettenspieße im Gemüsebett 40
Geflügelpfanne mit Erdnüssen 150
Gefüllte Schweinekoteletts 57
Gratinierte Schweinemedaillons mit Spinat 98
Kaninchen mit Thymiansauce 78
Knuspriger Lachs-Gemüse-Auflauf 165
Ofenfrikassee mit Spargel und Erbsen 85
Rahmschwammerln mit Semmelknödeln 87
Waldpilz-Gratin mit Kartoffeln 97

KNORR Fix für Gulasch
Gefüllter Schweinebraten 83
Gnocchi-Gratin mit Schnitzelstreifen 63
Rinderbraten provenzalische Art 80
Rindergulasch mit Preiselbeeren 88
Schweinegulasch mit Zwiebeln und Gurke 72
Spätzle-Gratin mit Blumenkohl 121

KNORR Fix für Hackbraten
Berliner Buletten mit Apfel und Zwiebel 47
»Falscher Hase« - Klassischer Hackbraten 34
Hacksteaks mit Tomaten-Käse-Füllung 33
Linsenküchlein mit Gurken-Dip 127
Mediterraner Gemüse-Hack-Auflauf 42
Rotkohlwickel mit Steinpilz-Hack-Füllung 126
Spitzkohl-Hackfleisch-Kuchen vom Blech 106
Überbackene Würzbissen mit Mozzarella 107

KNORR Fix für Hackfleisch-Käse-Suppe mit Lauch
Rahm-Kartoffeln mit Speck 123
Wirsing-Pilz-Topf mit Kochwurst 130

KNORR Fix für Jäger-Schnitzel
Boeuf Stroganoff mit frischen Pilzen 91
Kartoffel-Jägerpfanne mit Lauch und Pilzen 60
Koteletts nach Gutsherrenart 68
Schweinemedaillons mit Shiitakepilzen 75

KNORR Fix für knusprige Hähnchenschenkel
Antipasti-Salat mit Tortiglioni 135
Apfel-Speck-Buletten auf Bohnengemüse 41
Fischpäckchen mit Gemüse und Oliven 172
Marinierte Lammfilets mit Gemüse 79
Leberkäseröllchen mit Frühlingszwiebeln 105
Mediterranes Gemüse vom Blech 134

KNORR Fix für knuspriges Wiener Schnitzel
Sesamschnitzelchen mit Kartoffelsalat 52
Zitronen-Hähnchen mit Kartoffeln 141

KNORR Fix für Kräuter-Rahm-Schnitzel
Gerollte Schnitzel in Zitronen-Kräuter-Sauce 65
Geschnetzeltes in Sellerie-Kräuter-Rahm 66
Lachs-Spinat-Auflauf mit Kräuterrahm 164
Ofenhähnchen im Speckmantel 149
Piratenspieße mit Fischstäbchen 176

KNORR Fix für Lachs-Sahne-Gratin
Dorsch auf Spitzkohl mit Senfsauce 166
Gebratener Zander auf Rahmwirsing 168
Knoblauchgarnelen in Rahmsauce 173
Pilz-Quiche mit Schnittlauchschaum 125
Sahnenudeln mit Hähnchenfilet 19
Zanderfilets mit Zucchini-Möhren-Nudeln 181

KNORR Fix für Lasagne al forno
Cordon bleu aus dem Ofen 67
Gefüllte Auberginenpäckchen 120
Hackbraten Mexiko mit feuriger Salsa 35
Katalanische Hähnchenkeulen 140
Pasta mit Räucherlachs 26
Puszta-Pasta mit Kabanossi 17
Saftige Lasagne mit Tomaten 110

>>> Rezeptregister

... nach Produkten

KNORR Fix für Makkaroni al forno
Bandnudeln mit Tomaten-Speck-Sahne 16
Gnocchi mit Pilzragout und Rucola 116
Hähnchenbrustfilet »Toscana« 159
Hähnchenbrust unter der Haube 111
Kartoffel-Hack-Pfanne mit Bergkäse 44
Kräuterlachs mit Speck auf Paprikagemüse 167
Puten-Mais-Pfanne in Kokossauce 142
Schnitzeltaschen mit Basilikumfüllung 53

KNORR Fix für Nudel-Hackfleisch-Gratin
Fischstäbchen auf saftigem Gemüsereis 174
Hackbällchen mit Kichererbsen 46

KNORR Fix für Nudel-Schinken-Gratin
Blumenkohl-Gratin mit Schinken 113
Broccoli-Quiche mit Schinken 95
Gebackener Ricotta mit Champignons 104
Gefüllte Ofentomaten 128
Hackfleisch-Broccoli-Auflauf mit Curry 100
Nudel-Gratin mit Kasseler und Erbsen 112
Nudel-Spargel-Auflauf mit Schinken 108
Seebarsch-Nudel-Auflauf mit Mozzarella 96
Speckschnitzel auf Apfelkraut 59
Spitzkohl-Lasagne mit Kümmel 124
Wirsing-Gratin mit Hackbällchen 48

KNORR Fix für Ofen-Makkaroni alla mamma
Gemüsetopf mit Oliven 133
Hähnchen-Curry mit Blattspinat 145
Knödelauflauf mit Hackfleischsauce 99
Lasagne mit Mais und Bohnen 43
Makkaroni mit zweierlei Bohnen 12
Mediterrane Nudeltörtchen 94
Ossobucco alla siziliana 81
Schollenröllchen auf Paprikakraut 162
Schnitzel mediterran mit Tomatensugo 54
Seeteufelmedaillons alla mamma 179
Spirelli-Pfanne mit Käsekrainer 15
Chips-Auflauf alla mamma 38

KNORR Fix für Paprika-Rahm-Schnitzel
Gefüllte Gurken mit Paprikarahm 137

KNORR Fix für Pfeffer-Rahm-Medaillons
Gefüllte Putenröllchen 148
Schnitzelröllchen mit Schafskäsefüllung 69

KNORR Fix für Putengeschnetzeltes
Bärlauch-Hähnchen mit Champignons 144
Hähnchen-Curry-Pfanne mit Aprikosen 153
Pasta mit Linsen und Putenstreifen 18
Rustikale Spätzle-Pfanne 14

KNORR Fix für Rahm-Champignons
Broccoli-Pilz-Pfanne mit Speck 132
Fruchtiges Hähnchenragout 152
Pfefferlachs mit Pilznudeln 171
Putenfrikassee in Apfel-Broccoli-Sauce 143

KNORR Fix für Rouladen
Kalbsschnitzel in Knoblauchsauce 55
Rinderschmorbraten mit Paprika und Zwiebeln 89
Wirsingrouladen mit Brät und Kümmel 86

KNORR Fix für Sauerbraten
Senf-Sauerbraten mit Pastinakenpüree 82

KNORR Fix für Schmorbraten
Burgunderbraten mit Wacholder 74
Coq au vin - Huhn in Rotweinsauce 146
Putenschmorbraten mit Pflaumen-Senf-Sauce 84
Schweinenackenbraten in Zwiebel-Pfeffer-Sauce 73

KNORR Fix für Schweinebraten
Schweinerollbraten mit Oliven-Ciabatta-Füllung 77
Würziger Rollbraten mit Apfelwein-sauce 76

KNORR Fix für Spaghetti alla Carbonara
Grüne Bolognese mit Basilikum 11
Kalbsschnitzel alla saltimbocca 61
Pasta Parma mit Frühlingszwiebeln 9
Schweinefilet mit Nusskruste 90
Tortellini auf der Erbse 24

>>> Rezeptregister
... nach Produkten

KNORR Fix für Spaghetti Bolognese
Bandnudeln mit Paprika-Hackbällchen 23
Bohnen Bolognese mit Rosmarin-Feta 117
Chili con carne speziale 32
Gefüllte Paprikaschoten 37
Makkaroni mit Hackfleischsauce 22
Pasta mit Scampi und Artischocken 13
Spaghetti alla puttanesca 8
Zucchini alla ratatouille 118

KNORR Fix für Tomaten Bolognese
Hähnchenkeulen mit Ananas-Chili 157
Mediterrane Überraschungspäckchen 177
Penne mit Rinderfilet und Knoblauchsugo 25
Pizzarolle mit Hackfüllung 102
Putengulasch mit Oliven 154
Tomaten-Hack-Suppe mit Rucola 49
Zucchini-Feta-Gratin mit Tomatenstückchen 101

KNORR Fix für Spaghetti Napoli
Blumenkohl auf Tomatencreme 129
Fischfilet mit cremiger Sauce Napoli 169
Griechische Tomatensuppe 131
Hackfleisch-Pfanne mit Zucchini und Pilzen 31
Hähnchenbrust mit Gemüse-Speck-Kruste 158
Penne all'arrabbiata mit Knoblauch und Chili 20
Riesengarnelen in Kokos mit Zucchini 180
Schinkenfleckerln mit Tomatensauce 103
Schnitzeltaschen auf Sauce Napoli 58
Seelachs in Tomatensugo 170
Spaghetti frutti di mare 27
Tortelloni auf Steinpilzsauce 10
Zigeunerschnitzel mit scharfer Sauce 56

KNORR Fix für Würstchen-Gulasch
Gemüseragout mit Mini-Hackbällchen 36
Parmesanschnitzel auf Lauchgemüse 62

www.knorr.de
Hier finden Sie noch mehr Rezepte, Tipps & Tricks sowie alle Neuigkeiten und Aktionen.

Über dieses Buch

Impressum

Genehmigte Lizenzausgabe für Verlagsgruppe Weltbild GmbH, Steinerne Furt, 86167 Augsburg
Copyright der Originalausgabe © 2010 Südwest Verlag, ein Unternehmen der Verlagsgruppe Random House GmbH, 81673 München

Das Werk, einschließlich aller seiner Teile, ist urheberrechtlich geschützt. Jede Verwertung außerhalb des Urheberrechts ist ohne Zustimmung des Verlages unzulässig und strafbar. Es ist insbesondere nicht gestattet, Abbildungen und Texte dieses Buches zu digitalisieren, auf PCs oder CDs zu speichern oder auf PCs/Computern zu verändern oder einzeln oder zusammen mit anderen Bildvorlagen/Texten zu manipulieren – es sei denn, der Verlag hat dies zuvor schriftlich genehmigt.

Konzept und Text: Bookie Editing, Hamburg/Irsee
Redaktion und Lektorat: Bookie Editing, Hamburg/Irsee
Rezeptauswahl und -prüfung: Inka Naumann (Unilever/Knorr)
Schlussredaktion: Karin Schanzenbach, Hamburg
Redaktionsleitung: Susanne Kirstein (Südwest)
Projektleitung: Sonia Gembus (Südwest)
Gestaltung: X-Design, München
Umschlaggestaltung: Atelier Seidel, Verlagsgrafik – Maria Seidel, Teising
DTP, Satz und Bildbearbeitung: Grizeto Verlag, Irsee
Gesamtherstellung: Neografia, a.s. printing house, Martin
Printed in the EU
978-3-8289-1446-9

2013   2012   2011
Die letzte Jahreszahl gibt die aktuelle Lizenzausgabe an.

Einkaufen im Internet:
www.weltbild.de

Hinweis

Die Inhalte dieses Buches sind sorgfältig recherchiert und erarbeitet worden. Dennoch können weder die Redaktion noch der Verlag für die Angaben Haftung übernehmen.

KNORR und RAMA sind eingetragene Marken.

Bildnachweis

Heino Banderob, Kapitelaufmacher
Bananastock/StockFood: 4, 5
Alle anderen Fotos: Unilever Deutschland GmbH